LAROUSSE
Langues orientales

W0354069

Lire et écrire le russe

Daphne West
Anna Sitnikova-Rioland

LAROUSSE

Une publication du département des dictionnaires bilingues Larousse

Direction éditoriale : Ralf Brockmeier

Direction de collection,
Traduction et adaptation : Cécile Desprairies

Lecture-vérification : Vivien Millet – Remerciements à M. Charles Millet

Conseil à la structuration : Aurélie Prissette

Conception graphique et mise en pages : Nord Compo

Conception graphique de la couverture : Stéphanie Roujol

Traduction du document iconographique : La Poste de Russie Relève

Photo de couverture : © Epanchincev Evgeniy/ ITAR-TASS/CORBIS

Illustrations (p. 52, 93 101) : Stéphane Faverdin

Cartographie : Krystyna Mazoyer (3e de couverture)

Iconographie : Il ne nous a malheureusement pas été possible de retrouver les ayants droits de certains documents iconographiques. Leurs droits leur sont réservés aux éditions Larousse.

© 2000, 2003 Daphne West – Hodder Education

© 2006, Larousse pour l'édition française

Larousse, 21, rue du Montparnasse 75283 Paris Cedex 06, France
www.larousse-bilingues.com.

Toute représentation ou reproduction intégrale ou partielle, par quelque procédé que ce soit, du texte et/ou de la nomenclature contenus dans le présent ouvrage, et qui sont de la propriété de l'Éditeur, est strictement interdite.

ISBN : 203 540 276-X

Оглавление – Sommaire

Введение – Introduction

Cette méthode de russe vous est destinée si vous êtes un(e) vrai(e) débutant(e) qui souhaite apprendre l'alphabet russe, ou si vos connaissances de russe ont besoin d'être ravivées et que vous ayez alors besoin de maîtriser à nouveau l'alphabet.

Le but de ce livre est de vous présenter les lettres étape par étape, accompagnées de nombreuses activités et suivies de chapitres de révision, afin qu'au terme de ce parcours vous puissiez lire et écrire en russe.

Cette méthode vous permettra de bien débuter et vous pourrez ainsi aborder ultérieurement d'autres aspects d'apprentissage de la langue : la compréhension de la langue parlée, l'expression orale et la grammaire, notamment.

L'alphabet russe : une vraie différence ?

Un(e) débutant(e) dans l'étude du russe peut parfois trouver cette langue difficile, parce que son alphabet paraît très différent du nôtre. Toutefois, le russe appartient, comme le français, à la famille des langues indo-européennes.

La langue russe a été beaucoup influencée par d'autres langues, telles l'hébreu, le grec, le latin, le français et le slavon - ancienne langue liturgique des Slaves orthodoxes.

Au IXe siècle, le moine Cyrille aurait mis en place l'écriture russe, d'où le nom d'alphabet cyrillique.

Il est possible de translittérer les mots russes, c'est-à-dire de reproduire approximativement leur son en utilisant l'alphabet français, mais cela peut prendre beaucoup de temps, car parfois quatre lettres françaises sont nécessaires pour reproduire le son d'une seule lettre russe.

Depuis la mise en place de l'alphabet cyrillique, l'alphabet russe contient seulement 33 lettres et il est constitué, de la même manière que l'alphabet français, de consonnes et de voyelles, mais aussi de quelques lettres qui n'ont pas de son propre mais influent sur la prononciation des autres lettres.

L'alphabet russe a donc beaucoup en commun avec l'alphabet français.

N'oubliez pas que le russe deviendra bien plus simple pour vous une fois que vous connaîtrez l'alphabet.

Pour un voyage en Russie, vous aurez bien sûr besoin de connaître suffisamment l'alphabet afin de pouvoir lire les panneaux dans les rues et vous orienter.

L'écriture manuscrite quant à elle, se distingue un peu de l'alphabet imprimé - vous allez aborder ces deux formes.

Structure de l'ouvrage

Cet ouvrage est constitué de dix chapitres.

• Dans les quatre premiers chapitres, l'alphabet est abordé par petits groupes de cinq à douze lettres, avec des explications et des activités.

Dans ces chapitres, la prononciation sera indiquée pour chaque nouveau mot russe, afin que vous puissiez non seulement lire et écrire des mots, mais aussi les prononcer.

• Le cinquième chapitre est consacré à la révision de tout ce que vous avez appris lors des quatre premiers chapitres.

• Dans les chapitres 6 et 7, vous apprendrez à lire et à écrire les lettres manuscrites. Il est très utile de pouvoir les reconnaître - par exemple, l'écriture manuscrite est souvent utilisée à des fins « décoratives » dans des publicités.

De plus, vous pouvez écrire bien plus vite en utilisant les lettres manuscrites qu'en recopiant les lettres de l'alphabet imprimé.

• Pour finir, les chapitres 8 à 10 vous donnent l'occasion d'utiliser des mots reliés à des thèmes précis (au restaurant, à l'hôtel, lors de vos déplacements...), afin que vous puissiez commencer à constituer votre vocabulaire et renforcer ainsi votre connaissance de l'alphabet imprimé et manuscrit. Ils proposent également une révision générale des acquis.

• D'autre part, un test général en fin d'ouvrage vous permet une révision complète de l'ensemble de vos connaissances.

• Les Corrigés vous permettent de valider vos exercices à tout moment.

• Enfin, le double lexique bilingue russe-français puis français-russe propose une indexation de tous les mots nouveaux et renvoie à la page où le mot est apparu pour la première fois.

Structure d'un chapitre

Dans chaque chapitre, vous trouverez :

• En ouverture, un sommaire des thèmes abordés vous proposant une sorte de « contrat d'auto-apprentissage ».

• La rubrique précédée du symbole *i* qui vous donne des informations essentielles sur la prononciation, l'orthographe et des aspects spécifiques de civilisation.

• Des exemples de mots comportant les nouvelles lettres.

• Des activités pour vous entraîner à utiliser vos nouvelles connaissances. Vous en trouverez les solutions dans les Corrigés, p. 109.

• La prononciation des mots et des phrases russes.

La méthode

Deux approches vous aideront à vous familiariser avec l'écriture russe :

1. Dans les quatre premiers chapitres, vous serez souvent amené(e) à cacher la colonne comportant la prononciation des mots russes. Vous vérifierez ainsi votre connaissance des lettres russes de la colonne de gauche.

2. Nous vous invitons à toujours prononcer à voix haute les nouveaux mots dès que vous les rencontrez. L'un des avantages de la langue russe est que les mots se prononcent le plus souvent exactement comme ils s'écrivent.

Prononcez le son de chaque lettre et vous obtiendrez le son du mot entier. Les règles de prononciation sont en effet bien plus simples qu'en français, langue dont l'orthographe et la prononciation sont parfois assez difficiles, avec ses lettres muettes, etc.

Bon voyage !

Les contributeurs

Daphne West

Lauréate de plusieurs prix d'enseignement, experte en langue russe et auteur de nombreux ouvrages sur le sujet, Daphne West est actuellement proviseur d'un établissement scolaire en Angleterre.

Anna Sitnikova-Rioland

Anna Sitnikova-Rioland a grandi à Saint-Pétersbourg puis a fait des études de traduction à l'université de Heidelberg, en Allemagne. Diplômée de l'ESCP, elle vit actuellement à Paris et travaille sur différents projets éditoriaux dédiés à l'apprentissage des langues.

Глава 1 – Chapitre 1

L'alphabet imprimé (1)

Dans ce chapitre

- Vous apprendrez à reconnaître deux voyelles.
- Vous maîtriserez trois consonnes.

Nous tenons à vous rassurer d'emblée : l'aspect et le son des lettres que nous allons aborder à présent vous paraîtront très familiers. Celles-ci ressemblent en effet beaucoup à des lettres équivalentes de l'alphabet français.

N'oubliez pas que le but principal de ce chapitre est d'apprendre à reconnaître et à lire ces cinq lettres – à ce stade, ne vous préoccupez pas de l'apprentissage du vocabulaire.

Nouvelles lettres : deux voyelles

Première voyelle

minuscule : а
majuscule : А

Cette lettre se prononce comme **a** dans « **a**lgue ». En apprenant cette seule lettre, vous saurez déjà dire plusieurs mots, parce qu'en russe, **а** signifie :

Lettre	Traduction
а	et
а	mais
а !	Ah !
а ?	« Je vais l'envoyer maintenant, **d'accord** ? » « Appelle-moi demain, **veux-tu** ? »

Deuxième voyelle

minuscule : о
majuscule : О

Cette lettre se prononce comme **o** dans « **o**range ». Cette lettre a aussi plusieurs significations à elle seule.

Lettre	Traduction
о	Il pense **à** Moscou.
о	J'ai cogné ma main **contre** le mur.
о!	**Oh** non !

Ces deux voyelles forment le sigle АО, qui signifie à peu près « société anonyme » en français.

Nouvelles lettres : trois consonnes

Première consonne

minuscule : к
majuscule : К

Cette lettre se prononce comme **k** de « **K**iev ». Nous pouvons combiner cette lettre avec la lettre **а** pour constituer un mot très souvent utilisé.

Lettre	Russe	Traduction
к	как	**Comment** (dans « **Comment** ça va ? ») **Comme** (dans « J'ai fait **comme** tu as dit ») **Quoi** ! (dans « **Quoi** ?! Encore oublié ?! »)

N'oubliez pas qu'en russe, il faut prononcer toutes les lettres. Faites-le à présent : к + а + к = как.

Deuxième consonne

minuscule : м
majuscule : М

Cette lettre se prononce comme **m** de « **m**oteur ». Nous pouvons utiliser la voyelle **a** avec cette lettre pour constituer un mot (même si ce mot est bien moins fréquent que le mot как).

Lettre	Russe	Traduction
м	мак	coquelicot

N'oubliez pas qu'en russe, il faut prononcer chaque lettre afin de dire le mot entier. Faites-le à présent : м + а + к = мак.

Troisième consonne

minuscule : т
majuscule : Т

Cette lettre se prononce comme le **t** dans « **t**rain ». Nous pouvons utiliser cette lettre avec la voyelle **a** pour constituer deux mots très fréquents.

Lettre	Russe	Traduction
т	так	ainsi, de cette façon, tellement
т	там	là-bas

N'oubliez pas qu'en russe, toutes les lettres se prononcent. Faites-le à présent :

- т + а + к = так
- т + а + м = там.

L'accent tonique

Jusque-là, vous avez appris uniquement des mots constitués d'une seule syllabe. Pour apprendre des mots russes composés de plusieurs syllabes, il est important de savoir quelle est la syllabe accentuée, c'est-à-dire sur quelle syllabe il faut appuyer distinctement.

Par exemple, le mot russe qui signifie « maman » est constitué de deux syllabes. Dans le tableau, l'accent sur le mot russe indique qu'il faut appuyer sur la première syllabe – ceci est indiqué dans la colonne « Prononciation » : la lettre accentuée est marquée en bleu et en gras.

Russe	Prononciation	Traduction
м**а**ма	m**a**ma	maman

Heureusement, il n'est pas nécessaire d'indiquer l'accent sur chaque mot lorsque vous écrivez. Les accents dans ce livre vous fournissent une aide supplémentaire lors de votre apprentissage. Bien sûr, le russe n'est pas la seule langue pour laquelle l'accent est important.

Par exemple, en anglais l'accent peut également changer le sens d'un mot.

En français, l'accent tombe presque toujours sur la dernière syllabe.

En revanche, en russe il faut prononcer la syllabe accentuée d'une manière claire et distincte, alors que les autres syllabes doivent être prononcées d'une façon discrète, effacée et jamais appuyée. Essayez d'appliquer ces conseils en prononçant le mot russe qui signifie « attaque » :

Russe	Prononciation	Traduction
ат**а**ка	at**a**ka	attaque

Il est particulièrement important de bien marquer l'accent pour les mots contenant la lettre **o**.

• Si un mot contient une seule syllabe, le **o** se prononce comme indiqué ci-dessous : comme dans le mot « **o**range ».

Russe	Prononciation	Traduction
кот	kot	chat

• Si un mot contient plusieurs syllabes et une lettre **o** accentuée, le **o** se prononce comme indiqué ci-dessus – comme dans le mot « **o**range ».

• Cependant, dans le cas où le **o** n'est pas accentué dans un mot à plusieurs syllabes, il faut prononcer la lettre **o** comme **a** dans « **a**lgue ».

Entraînez-vous à prononcer les mots de ce tableau avec des exemples de la lettre **o** accentuée et non accentuée.

Russe	Prononciation	Traduction
мот**о**к	mat**o**k	pelote (p. ex. de laine)
атом	**a**tame	atome

Activité 1

À vous de jouer ! Apprenez l'usage des cinq lettres que vous venez de voir en reliant les définitions de la colonne de gauche aux mots russes de la colonne de droite.

Quelle définition correspond à quel mot ? Prononcez les mots russes à haute voix pour trouver les réponses plus facilement.

Définition française	Russe
1. Un physicien s'intéresse à cela.	**a.** такт
2. Une personne allergique aux chats devrait l'éviter.	**b.** атом
3. Un diplomate doit en avoir beaucoup !	**c.** какао
4. Un médecin pourrait avoir à traiter cela.	**d.** кома
5. Vous pourriez en boire au petit déjeuner.	**e.** кот

Activité 2

Vous avez déjà vu tous les mots suivants sauf un. Trouvez le nouveau mot et vous trouverez ainsi le nom d'une rivière importante de la région des monts Oural.

1. КАК
2. ТАМ
3. КОТ
4. МА́МА
5. КА́МА
6. МАК

Activité 3

Cachez la colonne du milieu et lisez les mots de la colonne de gauche. Combien de mots avez-vous prononcés correctement dès la première fois ?

Russe	Prononciation	Traduction
акт	akt	acte, cérémonie, document officiel
атом	**a**tame	atome
кот	kot	chat
кто	kto	qui

Activité 4

Maintenant, vous pouvez faire une petite conversation, même si vous ne connaissez que cinq lettres pour l'instant ! Comprenez-vous ce dialogue ?

Russe	Prononciation
A - Кто там ?	**A** - Kto tam ?
T et **M** - Том, Мак.	**T** et **M** - Tom, Mak.
A - Как? Том, Мак!	**A** - Kak ? Tom, Mak !

1. Quelle question **A** pose-t-il aux deux Écossais, Tom et Mac ?

2. **A** est-il surpris ?

Après avoir vérifié si vos réponses sont justes dans les Corrigés, p. 109, cachez la colonne de droite et reproduisez la conversation de la colonne de gauche. Avez-vous remarqué que l'un des Écossais porte un prénom qui signifie « coquelicot » en russe ? Lequel ? Oui, мак.

Activité 5

Choisissez le mot juste de la liste. Vous aurez probablement besoin de relire le chapitre afin de retrouver tous ces mots.

1. Vous voulez savoir **comment** va quelqu'un.

2. Vous voulez dire que quelque chose est **là-bas**.

3. Vous voulez savoir **qui** est là.

4. Vous voulez dire qu'il fait **tellement** chaud.

- как
- там
- кто
- так

Глава 2 – Chapitre 2

L'alphabet imprimé (2)

Dans ce chapitre

- Vous apprendrez deux nouvelles voyelles et cinq nouvelles consonnes.
- Vous utiliserez les lettres apprises au chapitre 1.

Chapitre 2

Introduction

Maintenant, cela se complique un peu ! Dans ce chapitre, les nouvelles lettres ont un aspect familier et rassurant, mais leur prononciation diffère de celle des lettres françaises.

À la fin de ce chapitre, vous connaîtrez plus du tiers de l'alphabet cyrillique.

Nouvelles lettres : deux voyelles

Première voyelle

minuscule : е
majuscule : Е

Cette lettre se prononce comme **ie** dans « port**ie**r ». Si vous combinez cette lettre avec les lettres apprises au chapitre précédent, vous obtiendrez les mots suivants :

Lettre	Russe	Prononciation	Traduction
е	комета	kam**ie**ta	comète
е	тема	t**ie**ma	thème

Deuxième voyelle

minuscule : у
majuscule : У

Cette lettre se prononce comme **ou** dans « m**ou** ». Voici quelques mots qui contiennent la lettre у et d'autres lettres que vous connaissez :

Lettre	Russe	Prononciation	Traduction
у	ау !	a**ou**!	Ohé ! (pour attirer l'attention de quelqu'un)
у	тут	tout	ici
у	утка	**ou**tka	canard

Nouvelles lettres : cinq consonnes

Première consonne

minuscule : в
majuscule : В

Cette lettre se prononce comme **v** dans « **v**isite ». Voici deux mots qui contiennent cette lettre et d'autres que vous avez apprises :

Lettre	Russe	Prononciation	Traduction
в	автомат	avtam**a**t	machine automatique
в	вакуум*	v**a**kououm	vacuum

*N'oubliez pas de prononcer chaque lettre у !

Deuxième consonne

minuscule : н
majuscule : Н

Cette lettre se prononce comme **n** dans « **n**ouvelle ». Voici deux mots qui contiennent cette lettre et d'autres que vous avez apprises :

Lettre	Russe	Prononciation	Traduction
н	момент	mam**ie**nt	moment
н	нокаут	nak**a**out	knock-out

Activité 1

À vous de jouer ! Cachez la partie droite du tableau suivant. La partie gauche contient deux prénoms russes courants, le nom d'une ville autrichienne et le nom du fleuve qui traverse Saint-Pétersbourg. Quel est le nom de ce fleuve ? Après avoir répondu à cette question, consultez la colonne de droite afin de vérifier que vous avez bien lu les lettres.

Russe	Prononciation
1. Анна	**A**nna
2. Вена	V**ie**na
3. Нева	Niev**a**
4. Антон	Ant**o**ne

Troisième consonne

minuscule : р
majuscule : Р

En russe, il faut rouler le **r**. Pour y arriver, approchez votre langue du palais ! Voici deux mots qui contiennent cette lettre et d'autres que vous connaissez :

Lettre	Russe	Prononciation	Traduction
р	тренер	tr**ie**nier	entraîneur
р	автор*	**a**vtar	auteur

* N'oubliez pas que la lettre **o** non accentuée se prononce comme **a** de « **a**lgue ».

Activité 2

À vous de jouer ! Tous ces mots russes ont un lien avec le sport. Lisez-les en cachant les colonnes « Prononciation » et « Traduction » jusqu'à ce que vous ayez fini l'exercice. Vous devez reconnaître deux mots que vous avez déjà rencontrés dans ce chapitre.

Russe	Prononciation	Traduction
карт	kart	kart
нокаут	nak**a**out	knock-out
ракетка	rak**ie**tka	raquette
трек	triek	piste d'athlétisme
тренер	tr**ie**nier	entraîneur

Quatrième consonne

minuscule : с
majuscule : С

Cette lettre se prononce comme **s** dans « **s**en**s** ». Voici deux mots qui contiennent cette lettre et d'autres que vous connaissez :

Lettre	Russe	Prononciation	Traduction
с	Москва*	Maskv**a***	Moscou
с	сестра	siestr**a**	soeur

* N'oubliez pas que ce mot contient un **o** non accentué.

Activité 3

À vous de jouer ! Voici quelques noms de villes et de fleuves russes. Une lettre manque à chaque nom. Vous pouvez trouver la traduction et la prononciation de ces noms dans les colonnes du milieu et de droite. Insérez les lettres qui manquent.

Russe	Prononciation	Traduction
Му...манск	M**ou**rmansk	Mourmansk
Н...ва	Niev**a**	Neva
Омс...	Omsk	Omsk
Москв...	Maskv**a**	Moscou

Maintenant, écrivez les lettres que vous avez insérées de **1** à **4** et vous obtiendrez le mot qui signifie « fleuve » en russe : FLEUVE : ....

Cinquième consonne

minuscule : х
majuscule : Х

La prononciation de cette lettre est un **r** guttural comme le **kh** de « Mi**kh**ail ». C'est l'équivalent du **j** en espagnol et du **ch** allemand (dans « Ba**ch** »).

Voici deux mots qui contiennent cette lettre et d'autres que vous avez apprises :

Lettre	Russe	Prononciation	Traduction
х	крах	krakh	krach (financier)
х	характер	khar**a**kter	caractère

L'absence d'articles défini et indéfini en russe

En russe, il n'y pas d'articles défini et indéfini (« un », « une », « le », « la », etc.) comme en français. En voici deux exemples :

Russe	Prononciation	Traduction
ресторан	riestar**a**ne	**un** restaurant et **le** restaurant
трактор	tr**a**ktar	**un** tracteur et **le** tracteur

Révision

Vous avez déjà appris plus d'un tiers de l'alphabet russe : quatre voyelles et huit consonnes.

Voyelles	
а	comme le **a** de « **a**lgue »
е	comme le **ie** de « pan**ie**r »
о	comme le **o** de « **o**range »
у	comme le **ou** de « m**ou** »
Consonnes	
в	comme le **v** de « **v**isite »
к	comme le **k** de « **K**iev»
м	comme le **m** de « **m**oteur »
н	comme le **n** de « **n**ouvelle »
р	comme le **r** de « **r**at »
с	comme le **s** de « **s**en**s** »
т	comme le **t** de « **t**oit »
х	comme le **kh** de « Mi**kh**ail », le **j** en espagnol et le **ch** allemand de « Ba**ch** »

Vous connaissez 12 lettres, il vous en reste 21 à apprendre !

Activité 4

A présent, nous allons utiliser ces douze lettres. Cachez la colonne de droite du tableau ci-dessous et trouvez dans la colonne de gauche les mots russes qui correspondent à leur traduction dans la colonne du milieu.

Russe	Traduction	Prononciation
1. ресторан	**a.** chaos	**1.** riestar**a**ne
2. метро	**b.** toast	**2.** mietr**o**
3. нос	**c.** sauce	**3.** nos
4. текст	**d.** thermomètre	**4.** tiekst
5. тост	**e.** restaurant	**5.** tost
6. термометр	**f.** cosmonaute	**6.** tiermom**ie**tr
7. тон	**g.** nez	**7.** tone
8. хаос	**h.** métro	**8.** kh**a**os
9. космонавт	**i.** texte	**9.** kasman**a**vt
10. соус	**j.** ton	**10.** s**o**ous

Activité 5

Lisez les phrases de la colonne de gauche, puis trouvez les lettres qui manquent dans la colonne du milieu. Ne consultez la colonne de droite, qui donne la prononciation, qu'après avoir essayé de trouver les cinq réponses !

1. Un musicien joue dans un ...	ор...естр	ark**ie**str
2. Un acteur joue dans un ...	теат...	tie**a**tr
3. Un poisson nage dans une ...	р...ка	riek**a**
4. Un serveur travaille dans un ...	ре...торан	riestar**a**ne
5. Un agriculteur conduit un ...	трак...ор	tr**a**ktar

A présent, écrivez les lettres manquantes de **1** à **5** pour obtenir le mot qui signifie « croix » en russe : CROIX :.................................

Activité 6

Vous pouvez, avec les lettres de la liste page suivante, composer cinq mots russes qui ont un lien avec la musique. Avez-vous trouvé ces cinq mots ?

Une aide : vous devez trouver les mots russes qui signifient : « note », « orchestre », « rock », « ténor » et « ton ».

- а
- е
- к
- н
- о
- р
- с
- т

Глава 3 – Chapitre 3

L'alphabet imprimé (3)

Dans ce chapitre

- Vous découvrirez deux nouvelles voyelles et sept nouvelles consonnes.
- Vous utiliserez les lettres que vous avez apprises aux chapitres 1 et 2.

Introduction

Les nouvelles lettres de ce chapitre ne ressemblent pas aux lettres de l'alphabet latin, mais leur prononciation vous paraîtra familière - et si vous avez étudié le grec ou les mathématiques, vous reconnaîtrez certaines d'entre elles.

À la fin de ce chapitre, vous maîtriserez près des deux tiers de l'alphabet russe.

Nouvelles lettres : deux voyelles

Première voyelle

minuscule : и
majuscule : И

Cette lettre se prononce comme **i** dans « Par**i**s ». Voici quelques mots qui contiennent la lettre и et d'autres que vous avez apprises aux chapitres 1 et 2 :

Russe	Prononciation	Traduction
в**и**н**о**	vin**o**	vin
р**и**с	ris	riz
такс**и**	taks**i**	taxi
к**и**н**о**	kin**o**	cinéma

Activité 1

À vous de jouer ! Entraînez-vous à utiliser cette nouvelle voyelle et les autres lettres que vous connaissez. Voici quelques prénoms russes courants et leur prononciation... mais tout est mélangé. Trouvez dans la colonne de droite la prononciation qui correspond aux mots de la colonne de gauche.

1. Ив**а**н	**a.** K**i**ra
2. Ир**и**на	**b.** Nik**i**ta
3. К**и**ра	**c.** Iv**a**ne
4. Ник**и**та	**d.** Ir**i**na

Après avoir vérifié vos réponses dans les Corrigés, p. 109, prononcez ces prénoms tout en cachant la colonne de droite.

Deuxième voyelle

minuscule : й
majuscule : Й

Cette lettre se prononce comme le **il** de « trava**il** » et s'appelle le « и bref ». Dans 99% des cas, cette lettre se trouve après une autre voyelle et représente une « semi-consonne », c'est-à-dire une voyelle qui a une fonction de consonne (comme dans les mots « trava**il** », « Tha**ï**lande »).

Chapitre 3

Cette lettre se trouve parfois au début des mots empruntés à d'autres langues, par exemple dans le mot Йорк (**Y**ork).

Voici quelques mots qui contiennent la lettre й et d'autres que vous avez apprises aux chapitres 1 et 2 :

Russe	Prononciation	Traduction
ай!	aï !	aïe !
Китай	kita**il**	Chine
май	mail	mai
район	raï**o**ne	région, arrondissement

L'interjection ой! (oï !) est très fréquente en russe. Elle peut exprimer la surprise, la douleur, la peur ou l'enchantement. Par exemple, si vous rencontrez Ivan par hasard, vous pouvez exprimer votre surprise de la façon suivante :

Russe	Prononciation	Traduction
Ой! Вот Иван !	Oï ! Vot Iv**a**ne !	Oh ! Voici Ivan !

Prononcez cette phrase tout en cachant les colonnes du milieu et de droite.

Nouvelles lettres : sept consonnes

Première consonne

minuscule : б
majuscule : Б

Cette consonne se prononce comme **b** dans « **b**anque ».

Deuxième consonne

minuscule : г
majuscule : Г

Cette lettre se prononce comme **g** dans « **g**are ». Remarquez que c'est l'unique façon de prononcer cette lettre, indépendamment de la voyelle qui la suit, par exemple :

Russe	Prononciation	Traduction
гид	guid	guide
гуси	g**ou**ssi	oies

Troisième consonne

minuscule : д
majuscule : Д

Cette consonne se prononce comme **d** dans « **D**anube ».

Voici quelques mots qui contiennent les deux nouvelles voyelles, les trois nouvelles consonnes et quelques-unes des autres lettres que vous avez apprises aux chapitres 1 et 2 :

Russe	Prononciation	Traduction
банан	banane	banane
табак	tabak	tabac
гид	guid	guide (accompagnateur touristique)
доктор	doktar	docteur
агент	aguient	agent
Мадрид	Madrid	Madrid
Андрей	Andrieï	Andrei

Activité 2

À vous de jouer ! Utilisez les deux nouvelles voyelles et les trois nouvelles consonnes en répondant aux questions suivantes :

1. La boisson alcoolisée typiquement russe est...

a. водка ☐
b. виски ☐
c. вино ☐

2. Pour retirer de l'argent, vous allez à la...

a. театр ☐
b. дискотека ☐
c. банк ☐

3. Laquelle de ces villes ne se situe pas en France ?

a. Тур ☐
b. Гонконг ☐
c. Бордо ☐

4. Lequel de ces mots désigne un moyen de transport ?

a. радио ☐
b. адрес ☐
c. трамвай ☐

Quatrième consonne

minuscule : з
majuscule : З

Cette lettre se prononce comme **z** dans « **z**oo ».

Cinquième consonne

minuscule : л
majuscule : Л

Cette lettre se prononce comme **l** dans « **l**ibellu**l**e ».

Sixième consonne

minuscule : п
majuscule : П

Cette lettre se prononce comme **p** dans « **p**êche ».

Septième consonne

minuscule : ф
majuscule : Ф

Cette lettre se prononce comme **f** dans « **f**ille ».

Voici quelques mots qui contiennent les consonnes з, л, п, et ф et d'autres lettres que vous avez apprises aux chapitres 1 et 2 :

Russe	Prononciation	Traduction
зоопарк	zaap**a**rk	zoo
анализ	an**a**liz	analyse
суп	s**ou**pe	soupe
паспорт	p**a**spart	passeport
факс	faks	fax
билет	bil**ie**t	billet
кофе	k**o**fe	café (boisson)
профессор	praf**ie**ssar	professeur (à l'université)

Révision

À présent, vous avez appris les deux tiers de l'alphabet cyrillique, c'est-à-dire six voyelles et quinze consonnes.

N'oubliez pas de cacher la colonne de droite lorsque vous testez vos connaissances. Combien de lettres reconnaissez-vous ?

Voyelle	Prononciation
а А	**a** de « d**a**me »
е Е	**ie** de « port**ie**r »
и И	**i** de « Par**i**s »
й Й	**il** de « trava**il** »
о О	**o** de « styl**o** »
у У	**ou** de « s**ou** »

Consonne	Prononciation
б Б	**b** de « **b**anque »
в В	**v** de « **v**isite »
г Г	**g** de « **g**are »
д Д	**d** de « **D**anube »
з З	**z** de « **z**oo»
к К	**k** de « **k**ilo»
л Л	**l** de « **l**ibellule »
м М	**m** de « **m**oteur »
н Н	**n** de « **n**ord »
п П	**p** de « **p**êche »
р Р	**r** de « **r**at »
с С	**s** de « **s**en**s** »
т Т	**t** de « **t**oit »
ф Ф	**f** de « **f**ille »
х Х	**kh** de « Mi**kh**ail » ou **j** espagnol ou **ch** allemand (comme dans « Ba**ch** »)

Vous connaissez 21 lettres, il vous en reste 12 à apprendre !

Activité 3

Dans la colonne de gauche, vous trouverez quelques prénoms russes courants, mais il manque une lettre à chacun d'entre eux. Vous trouverez la prononciation de ces prénoms dans la colonne de droite. Insérez les lettres manquantes.

Prénom en russe	Prénom en français	Prononciation
1. Бор**и**...	Boris (m.)	Bar**i**s
2. К...ра	Kira (f.)	K**i**ra
3. П**а**...ел	Pavel (m.)	P**a**viel
4. Ва...**и**м	Vadim (m.)	Vad**i**m
5. **А**нн...	Anna (f.)	**A**nna
6. Сер...**е**й	Serguei (m.)	Sierg**u**e**i**
7. Свет...**а**на	Svetlana (f.)	Svetl**a**na
8. Влад**и**ми...	Vladimir (m.)	Vladim**i**r
9. Ели...ав**е**та	Elisaveta (f.)	Ielisav**e**ta
10. И...**а**н	Ivan (m.)	Iv**a**ne

Activité 4

Trouvez les noms des activités sportives suivantes en utilisant les lettres ci-dessous pour remplir les blancs de chaque mot.

N.B. Vous pouvez utiliser la même lettre plusieurs fois.

- а
- б
- в
- е
- й
- к
- л
- о
- с
- т
- у
- ф

1. б_ _к_ _бол
2. в_л_ _бол
3. _у_бол

Activité 5

Regardez attentivement le dessin de la tête de Vladimir page ci-contre.

Vladimir ne se sent pas bien et il donne ses symptômes au médecin. Le mot бол**и**т (bal**i**t) signifie « fait mal », « est douloureux ». Quand Vladimir explique qu'il a mal à la tête, il dit : « бол**и**т голов**а** » (bal**i**t galav**a**).

ГОЛОВА ВЛАДИМИРА : la tête de Vladimir

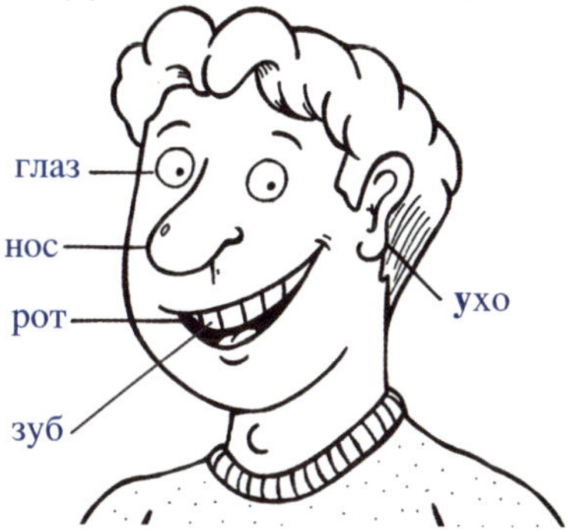

De quoi se plaint-il d'autre ?

Russe	Prononciation
1. Ай! Бол**и**т **у**хо!	Aï ! Bal**i**t **ou**kha !
2. Ай! Бол**и**т з**у**б!	Aï ! Bal**i**t zoub!

Activité 6

Cachez les colonnes « Prononciation » et « Traduction » et lisez les mots de la colonne de gauche.

Trouvez les mots dans la colonne « Qui ? Quoi ?» du premier tableau qui correspondent aux mots de la colonne « Où ? » du second tableau. Un exemple vous est donné.

Qui ? Quoi ?	Prononciation	Traduction
1. банк**и**р	bank**i**r	banquier
2. й**о**гурт	y**o**ghourt	yaourt
3. футб**о**л	foutb**o**l	football
4. **о**пера	**o**piera	opéra
5. т**и**гр	t**i**gr	tigre
6. диск**е**та	disk**ie**ta	disquette

Où ?	Prononciation	Traduction
a. **о**фис	**o**fis	bureau
b. те**а**тр	ti**a**tr	théâtre
c. б**а**нк	b**a**nk	banque
d. зооп**а**рк	zaap**a**rk	zoo
e. стади**о**н	stadi**o**ne	stade
f. рестор**а**н	riestar**a**ne	restaurant

Exemple : банкир → банк

Activité 7

Combien de noms de lieux reconnaissez-vous ? Cette fois-ci, il n'y a pas de colonne de droite pour vous aider. Cependant, vous trouverez les réponses dans les Corrigés, p. 109.

1. Ам**е**рика
2. Аргент**и**на
3. **А**фрика
4. М**е**ксика
5. Кан**а**да
6. Кипр
7. К**у**ба
8. Пакист**а**н
9. Уг**а**нда
10. Укра**и**на

Глава 4 – Chapitre 4

L'alphabet imprimé (4)

Dans ce chapitre

- Vous découvrirez cinq nouvelles voyelles, cinq nouvelles consonnes et deux « signes » muets.
- Vous utiliserez toutes les lettres de l'alphabet cyrillique.
- Vous connaîtrez enfin l'usage des noms propres russes.

Introduction

La plupart des douze lettres de ce chapitre sont très différentes des caractères de l'alphabet latin. Souvent, ces lettres n'ont pas d'équivalent en français et plusieurs caractères français sont nécessaires pour reproduire le son d'une lettre russe.

Vous découvrirez dans ce chapitre cinq nouvelles voyelles, cinq nouvelles consonnes et deux lettres qui n'ont pas de son propre.

Nouvelles lettres : cinq nouvelles voyelles

Première voyelle

minuscule : ё
majuscule : Ё

Cette lettre a un aspect que vous pouvez aisément identifier. Elle se prononce comme **yo** dans **« yo-yo »** et elle est toujours accentuée.

Deuxième voyelle

minuscule : ы
majuscule : Ы

Cette lettre a un aspect qui vous surprend certainement. Elle n'a pas d'équivalent dans la langue française. Le son ы se situe entre **ou** et **i** ; c'est un son émis du fond de la gorge. Essayez de prononcer un son intermédiaire entre le **i** de « Er**i**c » et le **uy** de « G**uy**ane ». Cette voyelle sera transcrite par la lettre **i** dans la colonne Prononciation.

Troisième voyelle

minuscule : э
majuscule : Э

Cette lettre ressemble à un e écrit à l'envers et se prononce comme **e** dans « **e**lle ».

Activité 1

À vous de jouer ! Entraînez-vous à prononcer ces mots russes.

Russe	Prononciation	Traduction
её	ie**yo**	son, la (pronoms féminins)
всё	vs**yo**	tout
бутылка	bout**i**lka	bouteille
сын	s**i**n	fils
эксперт	**e**kspi**e**rt	expert
экстроверт	**e**kstravi**e**rt	une personne extravertie

Quatrième voyelle

minuscule : ю
majuscule : Ю

Cette lettre est prononcée comme **iou** dans « f**iou**l ».

Cinquième voyelle

minuscule : я
majuscule : Я

Encore une lettre qui semble écrite à l'envers. Elle se prononce comme **ya** dans « **Ya**nn ».

Activité 2

À vous de jouer ! Entraînez-vous à prononcer ces mots russes.

Russe	Prononciation	Traduction
юр**и**ст	iour**i**st	juriste
юбка	**iou**bka	jupe
Ялта	**Ya**lta	Yalta
Ит**а**лия	It**a**liya	Italie

Activité 3

Lequel de ces pays ne se situe pas en Europe ?

Russe	Prononciation
1. Исп**а**ния	Isp**a**niya
2. Голл**а**ндия	Gal**a**ndiya
3. Яп**о**ния	Yap**o**niya
4. Герм**а**ния	Guerm**a**niya
5. **А**нглия	**A**ngliya

Activité 4

Maintenant, essayez de lire la plus longue phrase russe que vous ayez jamais lue jusqu'ici ! Le seul nouveau mot est зовут (zav**ou**t), qui signifie « ils appellent ».

Russe	Prononciation	Traduction
Как её зовут?	Kak ie**yo** zav**ou**t ?	Comment s'appelle-t-elle ? (littéralement : « Comment ils l'appellent ? »)

À présent, choisissez dans la liste ci-dessous le seul prénom permettant de répondre à la question précédente : **Elle s'appelle...**

	Prénoms	Prononciation
Её зовут............	Сергей	Sierg**iei**
	Иван	Iv**a**ne
	Катя	K**a**tya
	Владимир	Vlad**i**mir
	Борис	Bar**i**s

Nouvelles lettres : cinq consonnes

Première consonne

minuscule : ж
majuscule : Ж

Cette consonne se prononce comme **j** dans « **j**ardin ».

Deuxième consonne

minuscule : ц
majuscule : Ц

Cette lettre se prononce comme **ts** dans « **ts**ar ».

Troisième consonne

minuscule : ч
majuscule : Ч

Cette consonne se prononce comme **tsch** dans « que**tsch**e ».

Activité 5

À vous de jouer ! Entraînez-vous à prononcer ces mots russes.

Russe	Prononciation	Traduction
жасмин	jasm**i**ne	jasmin
жарко	j**a**rka	chaud
циник	ts**i**nik	cynique
цивилизация	tsiviliz**a**tsiya	civilisation
чай	tschail	thé
почта	p**o**tschta	bureau de poste

Quatrième consonne

minuscule : ш
majuscule : Ш

Cette lettre se prononce comme **ch** dans « **ch**at ».

Cinquième consonne

minuscule : щ
majuscule : Щ

Celle-ci ressemble beaucoup à la lettre précédente. Remarquez cependant qu'elle comporte une sorte de cédille en bas à droite. Cette lettre se prononce comme **sch** dans l'onomatopée « p**sch**itt ».

Activité 6

À vous de jouer ! Entraînez-vous à prononcer ces mots russes.

Russe	Prononciation	Traduction
шарф	charf	écharpe
ш**а**хматы	ch**a**khmaty	échecs
щи	schi	soupe au chou
ещ**ё**	ieschi**yo**	encore, toujours

Activité 7

Vous trouverez ci-dessous les noms de différentes activités ou loisirs. Parmi ceux-ci, un seul mot désigne un genre musical. Lequel ?

N'oubliez pas de cacher la colonne de droite - regardez-la uniquement si vous êtes à court d'idées !

Russe	Prononciation
1. хокк**е**й	khaki**é**ï
2. джаз	djaz
3. пинг-п**о**нг	pink-p**o**nk
4. к**а**рты	k**a**rti
5. футб**о**л	foutb**o**l

Signes muets

Et pour finir, deux lettres qui n'ont pas de son propre, mais qui influencent la prononciation des lettres les précédant.

Le « signe mou »

minuscule : ь
majuscule : Ь

Le « signe dur »

minuscule : ъ
majuscule : Ъ

On ne retrouve aucun de ces deux signes au début d'un mot. Le signe mou (ь) « adoucit » la consonne qui le précède. On le trouve souvent après un т et un л. En prononçant la lettre т suivie du signe mou, pensez à la façon dont se prononce le son **t** dans le mot « **t**iède ». Pour prononcer la lettre russe л suivie d'un signe mou, il faut approcher la langue du palais. On transcrit généralement le signe mou par un signe ressemblant à une apostrophe.

Russe	Prononciation	Traduction
мать	mat'	mère
чих**а**ть	tschih**a**t'	éternuer

Le signe dur (ъ) qui lui ressemble beaucoup est très rare. Il ne se prononce pas et sert à marquer une pause très brève entre deux syllabes.

Russe	Prononciation	Traduction
отъ**е**зд	at'**ie**zd	départ

УРА! (our**a** ! Hourra !) Vous venez d'apprendre l'ensemble des 33 caractères de l'alphabet russe : 11 voyelles, 20 consonnes et deux signes muets (ъ, ь).

Activité 8

Révisez l'alphabet ! Assurez-vous que vous connaissez toutes les lettres dans les tableaux suivants.

Voyelle	Son	Russe	Prononciation	Traduction
А а	**a** de « d**a**me »	банк	bank	banque
Е е	**ie** de « port**ier** »	ресторан	riestar**a**ne	restaurant
Ё ё	**yo** de « **yo-yo** »	её	**ie**yo	son, la (pronoms féminins)
И и	**i** de « Par**i**s »	вино	vin**o**	vin
Й й	**il** de « trava**il** »	чай	tschaille	thé
О о	**o** de « styl**o** » (sous l'accent, sinon, moins distinct que le **â** de « r**â**le »)	офис атом	**o**fis **a**tame	bureau atome
У у	**ou** de « s**ou** »	суп	s**ou**p	soupe
Ы ы	approximativement entre le **i** de « Eric » et le **uy** de « G**uy**ane »	сын	s**i**n	fils
Э э	**e** de « **e**lle »	эксперт	ekspi**e**rt	expert
Ю ю	**iou** de « f**iou**l »	юрист	iour**i**st	juriste
Я я	**ya** de « **Ya**lta »	Италия	It**a**liya	Italie

Bravo ! Vous avez appris 11 voyelles !

Consonne	Son	Russe	Prononciation	Traduction
Б б	**b** de « **b**anque »	бутылка	bout**i**lka	bouteille
В в	**v** de « **v**isite »	водка	v**o**dka	vodka
Г г	**g** de « **g**are »	гид	guid	guide
Д д	**d** de « **D**anube »	дискотека	diskat**ie**ka	boîte de nuit
Ж ж	**j** de « **j**ardin »	жарко	**j**arka	chaud
З з	**z** de « **z**oo»	зуб	zoub	dent
К к	**k** de « **k**ilo»	Канада	Kan**a**da	Canada
Л л	**l** de « **l**ibellule »	литр	litr	litre
М м	**m** de « **m**oteur »	метро	mietr**o**	métro
Н н	**n** de « **n**ord »	нота	n**o**ta	note (de musique)
П п	**p** de « **p**êche »	паспорт	p**a**spart	passeport
Р р	**r** de « **r**at »	радио	r**a**dia	radio
С с	**s** de « **s**ens »	сестра	siestr**a**	sœur
Т т	**t** de « **t**oit »	трактор	tr**a**ktar	tracteur
Ф ф	**f** de « **f**ille »	факс	faks	fax
Х х	**kh**, comme « Ba**ch** » en allemand ou « **j** » en espagnol	характер	chrar**a**kter	caractère
Ц ц	**ts** de « **ts**ar »	циник	ts**i**nik	cynique
Ч ч	**tsch** de « que**tsch**e »	чай	tschaille	thé
Ш ш	**ch** de « **ch**at »	шарф	charf	écharpe
Щ щ	**sch** de « p**sch**itt »	щи	chi	soupe au chou

Bravo ! Vous avez appris 20 consonnes !

Signe	Fonction	Russe	Prononciation	Traduction
ъ	Le signe dur sert à marquer une pause très brève entre deux syllabes.	отъезд	at'**ie**zd	départ
ь	Le signe mou adoucit la consonne précédente.	мать	mat'	mère

Bravo ! Vous avez appris tous les caractères d'imprimerie de l'alphabet russe, **РУССКИЙ АЛФАВИТ** (**rou**skii alfav**i**t).

Activité 9

Si vous ne buvez jamais d'alcool, quelle est la boisson que vous pouvez commander dans la liste ci-dessous ? Ne consultez la colonne de droite qu'en « cas d'urgence » !

Russe	Prononciation
1. вино	vino
2. виски	viski
3. водка	vodka
4. лимонад	limanad
5. шампанское	champanskaié

S'adresser à un supérieur hiérarchique

Vous avez déjà vu un certain nombre de prénoms russes courants. Nous allons maintenant nous pencher sur les noms de famille et ce que l'on appelle les « patronymes » russes. Le patronyme se place entre le prénom et le nom de famille. Utiliser un prénom suivi d'un patronyme est la manière la plus courante de s'adresser à une personne : votre professeur ou votre supérieur hiérarchique, par exemple. Le patronyme d'un homme se compose du prénom de son père et de la terminaison –ович si ce prénom se termine par une consonne ou –евич s'il se termine par la lettre й (enlevez préalablement le й).

Prénom	Patronyme	Nom de famille	Lien de parenté
Борис Вадим	Николаевич Борисович	Помогаев Помогаев	est le père de

Le patronyme d'une femme est constitué du prénom de son père suivi de la terminaison –овна si ce prénom se termine par une consonne) ou par –евна s'il se termine par la lettre й (enlevez préalablement le й).

Prénom	Patronyme	Nom de famille	Lien de parenté
Борис Татьяна	Николаевич Борисовна	Помогаев Помогаева	est le père de
Николай Надежда	Владимирович Николаевна	Помогаев Помогаева	est le père de

Vous remarquerez que les noms de famille des femmes se terminent d'habitude par –а ou –ая, alors que ceux des hommes se terminent généralement par une consonne ou par –ский. Ainsi, les membres de la même famille n'ont pas exactement le même nom, selon s'il s'agit d'une femme ou d'un homme.

Activité 10

Lisez les noms complets (nom de famille –фамилия, prénom –имя, patronyme –отчество) des deux personnes suivantes.

1. фамилия: Кузнецова
   имя: Анна
   отчество: Валентиновна

2. фамилия: Горбунов
   имя: Андрей
   отчество: Викторович

1. Quel est le prénom du père d'Anna ?
2. Quel est le prénom du père d'Andreï ?

Activité 11

Faites connaissance avec la famille Bykov ! Observez d'abord les mots russes qui désignent les membres d'une famille sur plusieurs générations.

Russe	Prononciation	Traduction
бабушка	babouchka	grand-mère
дедушка	diedouchka	grand-père
мать (мама)	mat' (mama)	mère (maman)
отец (папа)	atiets (papa)	père (papa)
сын	sin	fils
дочь	dotsch'	fille
дядя	dyadya	oncle
тётя	tyotya	tante
внук	vnouk	petit-fils
внучка	vnoutschka	petite-fille

À présent, regardez l'arbre généalogique ci-dessous.

Антон Павлович Быков + Елизавета Фёдоровна Быкова

Игорь — Ольга+ Константин Сергеевич Мурзин — Зоя

Соня — Иван

Maintenant, répondez aux questions suivantes.

1. Quel est le lien de parenté entre Иван Константинович Мурзин et Антон Павлович Быков?
2. Deux personnes portent le patronyme Антоновна. Quels sont leurs prénoms ?
3. Quel est le patronyme de Соня?

Activité 12

Lisez attentivement cette annonce de concert et trouvez des éléments pour répondre aux questions suivantes (vous trouverez la traduction de l'affiche dans les corrigés).

1. Pendant quel mois le concert a-t-il lieu ?
2. Quels sont les deux compositeurs figurant au programme ?
3. Quel est le nom du pianiste ?

Театр оперы и балета
КОНЦЕРТ
30 октября (в 12 часов)

Паганини
Концерт номер 1 для скрипки с оркестром
Солист Александр Чирков

Рахманинов
Концерт номер 2 для фортепьяно с оркестром
Солист Николай Байков

Activité 13

Parmi ces dix mots, un seul n'a pas de lien avec le monde de la finance. Trouvez l'intrus (et n'oubliez pas de cacher la colonne de droite !).

Russe	Prononciation
банк	bank
кред**и**т	kried**i**t
кред**и**тная к**а**рточка	kried**i**tnaya k**a**rtotschka
инвест**и**ция	invest**i**tsiya
фин**а**нсовый кр**и**зис	fin**a**nsovii kr**i**sis
космон**а**вт	kasman**a**vt
д**о**ллары	d**o**llari
экон**о**мика	ekan**o**mika
капит**а**л	kapit**a**l
банк**и**р	bank**i**r

Vérifiez que vous avez compris tous les mots en consultant les corrigés.

Глава 5 – Chapitre 5

Révision de l'alphabet

Dans ce chapitre

- Vous découvrirez l'ordre des lettres de l'alphabet cyrillique.
- Vous vous entraînerez à lire en russe.
- Vous connaîtrez les mois de l'année et les jours de la semaine.

Le but de ce chapitre est de vous conforter dans votre connaissance de l'alphabet imprimé. Vous lirez davantage de mots et de phrases courtes, mais la prononciation ne sera plus indiquée à partir de ce chapitre jusqu'à la fin de l'ouvrage.

Il est essentiel de connaître l'ordre alphabétique russe afin de pouvoir utiliser un dictionnaire ou chercher un mot dans le lexique.

En russe, on n'emploie pas le verbe « être » quand on parle au présent (« je suis », « tu es »...). Il est donc très facile de construire des phrases descriptives simples.

Lisez les exemples suivants et remarquez que l'on utilise généralement un tiret dans ce type de propositions affirmatives. Ce tiret équivaut au signe « = ».

Russe	Traduction
Борис - инженер	Boris (est) ingénieur.
Светлана - медсестра	Svetlana (est) infirmière (littéralement, une « sœur médicale »).
Игорь - журналист	Igor (est) journaliste.

Activité 1

Regardez les illustrations ci-dessous et trouvez les métiers correspondant à chacune d'entre elles.

1.

2.

3.

4.

a. футболист

b. медсестра

c. хоккеист

d. инженер

e. балерина

f. журналист

g. жокей

h. пианист

Activité 2

Regardez la liste de l'activité précédente. Comprenez-vous tous les mots? Vérifiez leur traduction dans les Corrigés, p. 109.

Qui ? Où ? Quand ? Comment ?

Poser une question est aussi facile qu'exprimer une affirmation si vous connaissez les pronoms interrogatifs les plus courants. En voici quatre :

Где?	Où ?
Как?	Comment ?

Когда?	Quand ?
Кто?	Qui ?

Voici quatre questions contenant ces pronoms :

Russe	Traduction
Где Борис?	Où (est) Boris?
Как её зовут?	Comment s'appelle-t-elle ? (littéralement, comment l'appelle-t-on ?)
Кто Светлана?	Qui est Svetlana ? (cette question peut être interprétée comme « Que fait Svetlana dans la vie ? »)
Когда матч?	Quand est-ce que le match a lieu?

Activité 3

Lisez ces informations concernant Boris, Svetlana et le match, puis complétez les phrases en français.

Борис в супермаркете.
Светлана – актриса.
Матч в 21 час.

1. Boris est au ....

2. Svetlana est ....

3. Le match a lieu à .... heures.

Dire non !

Il est aussi facile de contredire quelqu'un que de poser une question ou d'exprimer une affirmation. Lisez les exemples suivants. Le verbe « être » est mis entre parenthèses pour vous rappeler que ce verbe est omis en russe au présent.

Russe	Traduction
Нет! Борис не теннисист, он боксёр.	Non ! Boris n'(est) pas un joueur de tennis, il (est) boxeur.
Нет! Она не медсестра, она массажист	Non ! Elle n'(est) pas infirmière, elle (est) kinésithérapeute.
Нет! Чайковский не космонавт, он композитор.	Non ! Tchaïkovski n'(est) pas cosmonaute, il (est) compositeur.

Activité 4

Relisez les exemples de la page précédente et répondez aux questions suivantes :

1. Comment dit-on « il » en russe ?

2. Comment dit-on « elle » en russe ?

Activité 5

Regardez les illustrations ci-dessous et lisez les phrases 1 à 3 qui ne sont pas correctes. Pour les corriger, complétez les phrases 4 à 6.

1. Виктор - журналист
2. Вадим - диск-жокей
3. Александр - гимнаст
4. Нет! Виктор не журналист, он ....
5. Нет! Вадим не диск-жокей, он ....
6. Нет! Александр не гимнаст, он ....

Les « mots transparents »

La plupart des mots rencontrés jusqu'ici sont des mots transparents, c'est-à-dire qu'ils ressemblent beaucoup à leur traduction française - voir la liste **A**. Évidemment, tous les mots russes ne sont pas des mots transparents.

Cependant, un grand nombre d'entre eux peuvent vous paraître familiers, car ils sont apparentés aux mots grecs, latins ou sont originaires d'autres langues européennes - voir la liste **B**.

Enfin, certains mots ne ressemblent pas du tout à leur traduction française - voir la liste **C**.

À présent, lisez tous ces mots qui se rapportent à la vie universitaire. La liste **A** vous semblera sûrement la plus facile à lire !

A.

профессор	professeur d'université
семинар	séminaire
студент	étudiant
университет	université

B.

библиотека	bibliothèque
кафедра	chaire

C.

исследование	recherche
преподаватель	enseignant

Activité 6

Les mois de l'année correspondent plutôt au type **A**, puisque leur prononciation ressemble à celle de leurs équivalents français. Lisez les noms des mois dans le tableau suivant et numérotez-les de 1 à 12, comme dans un calendrier. Le mois de janvier a déjà été numéroté pour vous !

Mois en russe	Numéro
a. май	
b. октябрь	
c. февраль	
d. июнь	
e. декабрь	
f. январь	1

g. июль	
h. март	
i. ноябрь	
j. сентябрь	
k. август	
l. апрель	

Les jours de la semaine

En revanche, en russe, les jours de la semaine ne ressemblent pas du tout à leurs équivalents en français, même si ceux qui parlent italien ou espagnol reconnaîtront la traduction de « samedi ».

Russe	Traduction	Origine
понедельник	lundi	de « semaine » (неделя)
вторник	mardi	de « second » (второй)
среда	mercredi	de « milieu » (середина)
четверг	jeudi	de « quatre » (четыре)
пятница	vendredi	de « cinq » (пять)
суббота	samedi	de « sabbat »
воскресенье	dimanche	Signifie « résurrection » en russe.

Activité 7

Vladimir est un accro de la télé et il aime établir son programme hebdomadaire à l'avance. Lisez son programme, page suivante, puis répondez aux questions.

Jour de la semaine	Programme TV
понедельник	10.10 Телесериал: Санта-Барбара
вторник	20.55 Кинофильм: Авиакатастрофа
среда	21.35 Документальный фильм: Легенды театра
четверг	12.55 Ток-шоу: Клуб футболистов
пятница	15.45 Чемпионат: формула - 1
суббота	24.00 Гороскоп
воскресенье	21.00 Комедия: шоу Бенни Хилла

Quel jour Vladimir regardera-t-il...

1. un débat télévisé ?

2. une course de voitures ?

3. un film qui parle d'une catastrophe aérienne ?

4. une émission comique ?

5. « Santa Barbara » ?

6. un film documentaire ?

7. une émission d'astrologie ?

À présent, vous allez classer par ordre alphabétique toutes les lettres que vous avez apprises.

Vous connaissez déjà tous les mots de la colonne « Exemple », sauf...

Европа	Europe
ёж	hérisson

Lettre		Exemple
а	А	адрес
б	Б	банк
в	В	водка
г	Г	гид
д	Д	дискотека
е	Е	Европа
ё	Ё	ёж
ж	Ж	журналист
з	З	зоопарк
и	И	инженер
й	Й	Йорк
к	К	клуб
л	Л	лимонад
м	М	матч
н	Н	ноябрь
о	О	офис

п	П	паспорт
р	Р	радио
с	С	суп
т	Т	такси
у	У	университет
ф	Ф	факс
х	Х	хоккеист
ц	Ц	цивилизация
ч	Ч	чай
ш	Ш	шампанское
щ	Щ	щи
ъ		Pas de son propre. Cette lettre ne se situe jamais au début d'un mot - voir p. 36.
ы		Cette lettre ne se situe jamais au début d'un mot - voir p. 32 pour la prononciation.
ь		Pas de son propre. Cette lettre ne se situe jamais au début d'un mot - voir p. 36.
э	Э	эксперт
ю	Ю	юрист
я	Я	Ялта

Activité 8

Vous travaillez en tant que guide touristique et vous devez établir une liste alphabétique des membres de votre groupe. Un exemple vous est donné.

Noms de famille	Ordre alphabétique
Кондратов	
Селезнев	
Носиков	
Бармина	1
Хоботова	
Лев	
Грязнова	
Береев	
Туманова	
Давыдов	

Combien y a-t-il de femmes dans le groupe ?

Activité 9

Vous êtes chargé(e) de la rubrique « Petites annonces » d'un journal. Disposez les rubriques de la page suivante dans l'ordre alphabétique.

ТУРИЗМ	
КОМПЬЮТЕРЫ	
АВТОЦЕНТР	
БИЗНЕС	
ТЕЛЕВИЗОРЫ	
АНТИКВАРИАТ	

Quelle rubrique concerne :

1. les voitures ?
2. les antiquités ?
3. le tourisme ?
4. l'informatique?
5. les affaires ?

Activité 10

Il est important de pouvoir trouver dans un dictionnaire ou un lexique des mots qui ne ressemblent pas à leur équivalent français.

Macha a fait une liste des cadeaux d'anniversaire qu'elle a l'intention d'offrir cette année. Comme elle est très organisée, elle a classé les noms de ses amis et des membres de sa famille par ordre alphabétique.

Utilisez le vocabulaire ci-dessous pour répondre aux questions suivantes :

Russe	Traduction
велосипед	vélo
духи	parfum
книга о футболе	livre sur le football
конфеты	bonbons
чайник	théière
кулинарная книга	livre de cuisine
мишка	ours en peluche
платье	robe

Liste de Macha

Personne	Cadeau
Анна	духи
бабушка	чайник
Вадим	велосипед
Валентин	мишка
дедушка	конфеты
Константин	книга о футболе
Максим	кулинарная книга
Соня	платье

Qui recevra en cadeau...

1. une robe ?
2. un parfum ?
3. un livre de cuisine ?
4. des bonbons ?
5. une théière ?

Activité 11

Regardez le billet de théâtre et consultez la liste ci-dessous pour répondre aux questions suivantes.

Vous n'avez pas besoin de comprendre tous les mots de la liste pour répondre aux questions.

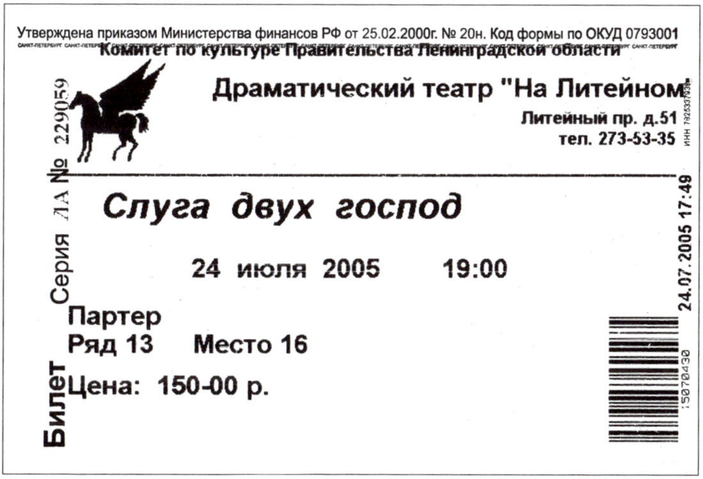
Утверждена приказом Министерства финансов РФ от 25.02.2000г. № 20н. Код формы по ОКУД 0793001

Комитет по культуре Правительства Ленинградской области

Драматический театр "На Литейном"

Литейный пр. д.51

тел. 273-53-35

Билет Серия ЛА № 229059

Слуга двух господ

24 июля 2005 19:00

Партер

Ряд 13 Место 16

Цена: 150-00 р.

24.07.2005 17:49

Liste de vocabulaire :

Russe	Traduction
Драматический театр «На Литейном»	Théâtre dramatique « Avenue Liteïny »
Слуга двух господ	Serviteur de Deux Maîtres
24 июля	24 juillet
ряд	rang
место	place
цена	prix
билет	billet

1. Dans quelle ville ce théâtre se trouve-t-il ?

2. À quel rang êtes-vous placé(e) ?

3. À quelle heure commence le spectacle ?

Chapitre 5

Activité 12

Parmi les mots suivants, lequel ne désigne pas une matière enseignée à l'école ?

- география
- химия
- формула-1
- математика
- история
- музыка

Si vous deviez disposer ces mots par ordre alphabétique, lesquels seraient le premier et le dernier mot de la liste ?

Глава 6 – Chapitre 6

Les lettres manuscrites (1)

Dans ce chapitre

- Vous découvrirez la forme manuscrite (ou « cursive ») des seize premières lettres de l'alphabet russe.
- Vous en saurez davantage sur les noms propres russes.
- Vous apprendrez quelques mots qui vous seront utiles lors de la visite d'une ville russe.

Il est très utile de pouvoir reconnaître l'écriture manuscrite qui est souvent utilisée, d'une part à des fins décoratives dans les publicités, cartes de vœux, programmes de théâtre, etc., et d'autre part dans les lettres, notes et autres documents manuscrits.

À une ou deux exceptions près, les caractères manuscrits n'ont pas de différences majeures par rapport aux lettres imprimées.

Les Russes ne mettent jamais d'accent sur les lettres manuscrites. C'est pourquoi ils ne sont pas utilisés ici.

Les lettres manuscrites

Voici les seize premiers caractères manuscrits - comparez-les à leurs équivalents imprimés.

Minuscule imprimée	Minuscule manuscrite	Majuscule imprimée	Majuscule manuscrite
а	*а*	А	*А*
б	*б*	Б	*Б*
в	*в*	В	*В*
г	*г*	Г	*Г*
д	*д*	Д	*Д*
е	*е*	Е	*Е*
ё	*ё*	Ё	*Ё*
ж	*ж*	Ж	*Ж*
з	*з*	З	*З*
и	*и*	И	*И*
й	*й*	Й	*Й*
к	*к*	К	*К*
л	*л*	Л	*Л*
м	*м*	М	*М*
н	*н*	Н	*Н*
о	*о*	О	*О*

Vous aurez besoin d'un certain temps pour vous habituer à certaines lettres.

• Le г minuscule manuscrit peut vous paraître, à première vue, écrit « à l'envers ». Pour mémoriser plus facilement ce caractère, vous pouvez vous figurer que cette lettre ressemble à la lettre **s** à l'envers.

• Remarquez qu'il existe deux façons d'écrire la lettre д minuscule.

Les mots manuscrits

Lorsque vous vous mettez à écrire des mots complets, cela commence à devenir vraiment intéressant ! Il faut faire particulièrement attention aux lettres suivantes :

л *л*

м *м*

Ces lettres doivent toujours commencer par un petit « crochet », de telle sorte qu'il est impossible de faire un lien avec le о *о* précédent.

Activité 1

Entraînez-vous à reconnaître les 16 premières lettres manuscrites.

Cachez la première colonne (« Mot imprimé »), puis regardez-la une fois que vous aurez lu les mots manuscrits.

Enfin, pour vous exercer à écrire, recopiez les mots dans la troisième colonne et comparez le résultat avec la deuxième colonne.

Mot imprimé	Mot manuscrit	Votre version	Traduction
Авиа	*Авиа*	....	par avion
Банан	*Банан*	....	banane
Вино	*Вино*	....	vin
Гол	*Гол*	....	but (pour les jeux de ballon)
Да	*Да*	....	oui
Еда	*Еда*	....	nourriture
Ёлка	*Ёлка*	....	sapin
Жена	*Жена*	....	épouse
Зона	*Зона*	....	zone
Идеал	*Идеал*	....	idéal
Йога	*Йога*	....	yoga
Кино	*Кино*	....	cinéma
Лимон	*Лимон*	....	citron
Молоко	*Молоко*	....	lait
Нет	*Нет*	....	non
Одежда	*Одежда*	....	vêtements

Activité 2

Trouvez l'intrus dans la liste page suivante ! Cachez la colonne de droite, sauf si vous êtes vraiment perdu(e).

Mot manuscrit	Mot imprimé
1. *вино*	1. вино
2. *водка*	2. водка
3. *лимонад*	3. лимонад
4. *май*	4. май
5. *молоко*	5. молоко

Activité 3

À présent, il est temps de faire la fête ! Boris est en train d'établir une liste des invités pour une soirée chez lui. Trouvez dans la colonne de gauche les prénoms russes manuscrits qui correspondent aux prénoms français de la colonne de droite.

Russe manuscrit	Français
1. *Елена*	a. Yvan
2. *Вадим*	b. Anna
3. *Иван*	c. Hélène
4. *Анна*	d. Eugène
5. *Евгений*	e. Vadim

Les diminutifs

Tous les prénoms ci-dessus sont en « version complète ». Les Russes utilisent très souvent la forme diminutive des prénoms pour exprimer l'affection ou la tendresse.

Voici quelques prénoms russes courants et leurs diminutifs familiers.

Prénom	Diminutif
Андрей	Андрюша
Анна	Аня, Аничка
Борис	Боря
Владимир	Володя, Вова
Елена	Лена, Леночка
Ирина	Ира, Ирочка
Константин	Костя
Николай	Коля
Ольга	Оля, Оленька

Ces diminutifs sont employés pour s'adresser à des amis proches, des membres de la famille ou des petits enfants.

Si vous voulez vous adresser à quelqu'un de manière polie et formelle, utilisez son prénom et son patronyme.

Par exemple, si le nom de votre supérieur hiérarchique est Константин Николаевич Зеленов, vous l'appellerez Константин Николаевич.

Si vous avez un fils qui se prénomme Константин, vous l'appellerez probablement Костя - sauf si vous êtes très fâché(e) contre lui.

Activité 4

Encore quelques noms célèbres ! Cherchez l'intrus dans la liste de ces cinq Russes illustres.

1. Чехов
2. Толстой
3. Достоевский
4. Рахманинов
5. Пушкин

Quelques grands artistes russes

Cette liste comprend les noms de quatre des plus grands écrivains russes et d'un compositeur. Entraînez-vous à lire leurs noms complets. Le premier écrivain de la liste est aussi un grand poète.

Nom	Dates	Une œuvre célèbre
Александр Сергеевич Пушкин	1799-1837	Евгений Онегин (roman en vers : Eugène Onéguine)
Фёдор Михайлович Достоевский	1821-1881	Братья Карамазовы (roman : Les Frères Karamazov)
Лев Николаевич Толстой	1828-1910	Война и мир (roman : La Guerre et la Paix)
Антон Павлович Чехов	1860-1904	Дядя Ваня (pièce de théâtre : Oncle Vania)
Сергей Васильевич Рахманинов	1873-1943	Концерт номер два для фортепьяно с оркестром (Concerto N°2 pour piano et orchestre)

Comprendre des phrases courtes

Dans la grammaire russe, les terminaisons des mots changent plus souvent qu'en français (par exemple, les noms, les pronoms et les adjectifs se déclinent).

Pour comprendre des phrases russes assez longues, vous devez savoir pourquoi et comment les mots changent.

Cependant, vous êtes déjà en mesure de comprendre le sens de phrases courtes sans connaître les déclinaisons, comme vous pourrez le constater dans l'activité suivante.

Activité 5

Lisez ces deux publicités et répondez en français aux questions (lisez les questions d'abord !).

1. De ces deux annonces, laquelle est la publicité d'une agence immobilière et laquelle celle d'une agence de voyages ?

2. Quels sont les trois biens immobiliers mis en vente par l'agence ? Quelles sont leurs caractéristiques ?

3. Quelles destinations sont-elles proposées par l'agence de voyages ? Quelles sont les activités touristiques offertes pour chaque pays ?

A.

ТУРИНФО
АВСТРАЛИЯ –
виндсерфинг
серфинг
АВСТРИЯ –
автобусные туры
АФРИКА –
сафари в национальных парках

B.

АГЕНТСТВО – А 1
ОФИС
ФИТНЕС–ЦЕНТР
ПАРКИНГ НА 50
АВТОМОБИЛЕЙ
класс А!

Les mots clés pour voyager

Si vous faites un voyage touristique ou d'affaires en Russie, il est indispensable de connaître un certain nombre de mots clés, parmi lesquels certains vous paraîtront familiers.

Russe	Traduction
виза	visa
гид	guide
паспорт	passeport
туризм	tourisme
турист	touriste
экскурсия	excursion

Certains autres mots clés sont moins faciles à reconnaître, mais une fois leur origine connue, vous les retiendrez plus facilement :

• Quand vous arrivez dans un hôtel, on peut vous demander de remplir un БЛАНК, c'est-à-dire un formulaire, qui est bien évidemment en « blanc » avant que vous ne le remplissiez.

• Si vous résidez dans un hôtel, vous êtes un hôte payant, un client. En russe, le mot ГОСТИНИЦА signifie « hôtel » et provient du mot ГОСТЬ - « hôte » en russe.

• Dans l' hôtel, votre chambre portera un numéro. Or, le mot russe qui signifie « chambre d'hôtel », НОМЕР, est apparenté au mot français « numéro ».

Activité 6

Avec tous les mots que vous venez d'apprendrez, pouvez-vous compléter ce КРОССВОРД (ou « mots croisés ») ?

ПО ГОРИЗОНТАЛИ (« horizontalement »)

1. Une personne qui fait visiter un musée aux touristes.

2. Vous en avez besoin pour entrer sur le territoire d'autres États et revenir dans votre pays.

3. Vous avez besoin d'un de ces documents pour entrer en Russie.

4. Vous avez besoin d'en acheter un pour voyager en train, en avion ou en bus.

5. Votre chambre d'hôtel.

ПО ВЕРТИКАЛИ (« verticalement »)

1. Un endroit où descendent les touristes.

2. Vous pourriez y aller pour voir une pièce de théâtre, un opéra ou un ballet.

Lire les enseignes et les panneaux

Lors de votre voyage en Russie, il est important de comprendre les enseignes et les panneaux pour pouvoir vous orienter.

Russe	Traduction
банк	banque
вход	entrée
выход	sortie
переход	passage pour piétons (ou « passage souterrain »)
почта	bureau de poste
станция метро	station de métro
улица	rue

N'oubliez pas que les terminaisons des mots peuvent varier. Faites attention si vous voyez le panneau suivant :

НЕТ ВХОДА !

N'entrez pas ! Le mot clé est НЕТ (« non »). C'est l'équivalent d'« Entrée interdite » !

Activité 7

Dans la colonne de gauche, vous trouverez des mots qui vous seront utiles si vous êtes en ville.

Trouvez dans la colonne de droite le terme français qui correspond aux mots russes de la colonne de gauche.

1. касса	a. station de taxi
2. киоск	b. caisse
3. медпункт	c. centre
4. милиция	d. kiosque
5. остановка автобуса	e. cabine téléphonique
6. стоянка такси	f. arrêt de bus
7. телефон автомат	g. police
8. центр	h. secours médical

Pour changer de l'argent

Pendant votre voyage en Russie, vous aurez besoin de connaître ce panneau :

ОБМЕН ВАЛЮТЫ

Ce panneau signifie en français « Change de devises étrangères» et désigne l'endroit où vous pouvez échanger vos chèques de voyage ou changer votre argent.

Remarquez que la sonorité du second mot ВАЛЮТА ressemble au mot français « valeur ».

Activité 8

Lisez la liste suivante des pays étrangers. Pouvez-vous deviner le nom de ces pays en français ?

1. Норвегия
2. Италия
3. Канада
4. Англия
5. Финляндия
6. Голландия
7. Украина
8. Австрия
9. Франция
10. Австралия

Si vous faites du tourisme, vous aurez besoin de changer votre argent contre des roubles (рубли). Vous souhaiterez donc connaître le taux de change : валютный курс.

Activité 9

Vous venez d'arriver dans un hôtel à Moscou et vous feuilletez la brochure d'information dans votre chambre. La plupart des mots ressemblent à leurs équivalents français, à deux exceptions près :

- врач — médecin
- услуги — services

Lisez ces informations et répondez aux questions suivantes.

УСЛУГИ	ЭТАЖ	ТЕЛЕФОН
АВИАБИЛЕТЫ	1	2549
БАНК	1	2549
БАРЫ	1, 2, 15	2050
БИЗНЕС–ЦЕНТР (факс, электронная почта, Интернет)	1	2688
БИЛЬЯРДНАЯ	1	2031
БУФЕТ	1, 3, 5, 7, 9, 14	2031
ВРАЧ	2	2416
ПОЧТА	1	2488
САУНА	2	2091
СЕЙФЫ	2	2091
СУВЕНИРЫ	2	2091
ТАКСИ	1	2091
ТЕАТРАЛЬНЫЕ БИЛЕТЫ	1	2027
ЭКСКУРСИИ	1	2027

Quel numéro faut-il appeler si vous voulez...

1. aller au sauna ?

2. vous renseigner sur des billets d'avion ?

3. réserver des places de théâtre ?

À quel étage devez-vous vous rendre si vous souhaitez...

4. consulter un médecin ?

5. acheter quelques souvenirs ?

6. envoyer un fax ?

Les étages en russe

En Russie, le rez-de-chaussée s'appelle « premier étage ».
Le premier étage français est donc « этаж 2 » en russe.

Activité 10

La liste suivante contient des catégories de livres qui figurent parmi la liste des meilleures ventes. Leur cote de popularité (РЕЙТИНГ) vous est donnée.

Бестселлеры	Рейтинг
Детектив	1
Автобиография	2
Юмор	3
Биография	4
Исторический роман	5

1. Quelles sont les cinq catégories de livres de la liste ?

2. À présent, classez ces catégories par ordre alphabétique.

Глава 7 – Chapitre 7

Les lettres manuscrites (2)

Dans ce chapitre

- Vous apprendrez à reconnaître toutes les lettres de l'alphabet cyrillique sous leur forme manuscrite.
- Vous découvrirez comment écrire une adresse en russe.
- Vous maîtriserez les formules de vœux et de compliments.
- Vous saurez mieux indiquer le temps, les saisons et le climat en Russie.
- Vous apprendrez à vous repérer dans l'espace par les points cardinaux.

Les caractères manuscrits

Voici les quinze dernières lettres manuscrites - et deux signes. Comparez-les à leurs équivalents imprimés.

Minuscule imprimée	Minuscule manuscrite	Majuscule imprimée	Majuscule manuscrite
п	*п*	П	*П*
р	*р*	Р	*Р*
с	*с*	С	*С*
т	*т*, *т*	Т	*Т*
у	*у*	У	*У*
ф	*ф*	Ф	*Ф*
х	*х*	Х	*Х*
ц	*ц*	Ц	*Ц*
ч	*ч*	Ч	*Ч*
ш	*ш*	Ш	*Ш*
щ	*щ*	Щ	*Щ*
ъ	*ъ*		
ы	*ы*		
ь	*ь*		
э	*э*	Э	*Э*
ю	*ю*	Ю	*Ю*
я	*я*	Я	*Я*

Vous remarquerez qu'il existe deux manières d'écrire la lettre т minuscule.

- Si cette lettre se présente ainsi : *т*, on ajoute parfois un trait en haut :

- Un trait peut également figurer sous la lettre *ш*

Ceci permet de mieux distinguer ces lettres dans un mot.

Comme les lettres л et м, la lettre *я* doit toujours commencer par un petit crochet, de sorte qu'il n'est pas possible de la lier au *о* précédent.

Activité 1

Entraînez-vous à reconnaître ces lettres manuscrites. Cachez la colonne de gauche (« Mot imprimé ») jusqu'à ce que vous ayez lu le mot manuscrit.

Pour vous entraîner à écrire, recopiez le mot dans la troisième colonne et comparez le résultat avec le mot de la deuxième colonne.

Mot imprimé	Mot manuscrit	Votre version	Traduction
Почта	*Почта*	....	bureau de poste
Ресторан	*Ресторан*	....	restaurant
Студент	*Студент*	....	étudiant
Турист	*Турист*	....	touriste
Университет	*Университет*	....	université
Футбол	*Футбол*	....	football
Хоккей	*Хоккей*	....	hockey
Центр	*Центр*	....	centre
Чай	*Чай*	....	thé
Шахматы	*Шахматы*	....	échecs
Щи	*Щи*	....	soupe au chou
Отъезд*	*Отъезд*	....	départ
Вы*	*Вы*	....	vous
Только*	*Только*	....	seulement
Этаж	*Этаж*	....	étage
Юбка	*Юбка*	....	jupe
Язык	*Язык*	....	langue

* Les lettres ъ, ы, ь ne peuvent jamais se situer au début d'un mot.

Activité 2

Quel est l'intrus de cette liste ? Cachez la colonne de droite sauf si vous ne trouvez pas la solution.

Manuscrit	Imprimé
1. *актёр*	актёр
2. *балет*	балет
3. *опера*	опера
4. *театр*	театр
5. *шахматы*	шахматы

Écrire une adresse en russe

En russe, l'adresse s'écrit dans l'ordre inverse du français.

On commence par indiquer « où » on adresse la lettre : **куда** (littéralement, « où ») et l'on termine par le destinataire.

On indique d'abord le pays, ensuite la ville et le code postal, puis la rue (avec le numéro d'immeuble et d'appartement). Par exemple :

Russe	Français
Россия 103786 Москва ул. Стаханова, дом 4, кв. 19	Russie 103786 Moscou 4, rue Stakhanov, appartement 19

Dans cette partie de l'adresse :
ул. est l'abréviation de **улица** (« rue »),
дом signifie « maison » ou « immeuble »,
et **кв.** est l'abréviation de **квартира** (« appartement »).

La dernière partie de l'adresse concerne le destinataire :
кому (« à qui »)

Souvent, on trouve une autre case au recto de l'enveloppe, où l'expéditeur indique son adresse. Cette case s'intitule d'habitude **адрес отправителя** (« adresse de l'expéditeur »).

Activité 3

Regardez le recto de cette enveloppe et répondez aux questions suivantes.

Куда :
Россия
716400 Екатеринбург
ул. Гагарина, д. 58, кв. 22

Кому :
Уткину Б.П.

Адрес отправителя :
814041 Владивосток
ул. Луначарского, д. 22, кв. 3
Кузнецов А.В.

1. À quelle ville cette lettre est-elle adressée ?

2. Où habite l'expéditeur ?

Écrire une carte de vœux

En Russie, la coutume d'adresser des cartes de vœux pour les fêtes est très répandue, comme en France. La formule la plus courante que vous lirez sur les cartes est celle qui convient à toutes les occasions :

Russe	Traduction
С праздником !	Meilleurs vœux ! (littéralement, « avec la fête »)

Voici quelques autres formules courantes :

Russe	Traduction
С днём рождения!	Joyeux anniversaire ! (littéralement, « avec le jour de naissance »)
С Новым годом!	Bonne année ! (littéralement, « avec la nouvelle année »)
Счастья в Новом году!	Heureuse nouvelle année ! (littéralement, « du bonheur dans la nouvelle année »)

Noël (célébré par les orthodoxes le 7 janvier) et Pâques sont aussi des occasions d'adresser des cartes de vœux. Voici deux formules courantes pour les cartes de Noël :

Russe	Traduction
С Рождеством!	Joyeux Noël ! (littéralement, « avec la nativité »)
С Рождеством Христовым!	Joyeux Noël ! (littéralement, « avec la nativité du Christ »)

Les formulations des cartes pour les fêtes pascales sont un peu plus compliquées et contiennent entièrement ou partiellement la phrase traditionnelle qu'emploient les orthodoxes à Pâques :

Russe	Traduction
Христос воскресе! Воистину воскресе!	Christ est ressuscité ! Il est vraiment ressuscité !

Maintenant, vous comprenez mieux l'origine du mot russe « dimanche » (воскресенье).

С днём рождения! Joyeux anniversaire !

Activité 4

Pour marquer un événement, vous voudrez peut-être offrir des fleurs. Quelles sont les fleurs de la liste suivante ? Trouvez la lettre manquante dans chaque mot.

Russe	Traduction
1. на…ц**и**сс	narcisse
2. глади…лус	glaïeul
3. хри…ант**е**ма	chrysanthème
4. пр**и**мул…	primevère

Avec les lettres manquantes, vous pouvez constituer un nom de fleur. Lequel ?

………………………………………

Activité 5

Ou alors vous voudrez offrir un livre utile ! Lisez la publicité de la société МИР РУССКОЙ КУЛЬТУРЫ (« Le monde de la culture russe ») pour cinq nouvelles encyclopédies. Quels sont les thèmes de ces ouvrages ?

НОВАЯ СЕРИЯ!
Популярная медицинская энциклопедия
Энциклопедия русской истории
Энциклопедия русской литературы
Энциклопедия русской музыки
Энциклопедия скандалов

Activité 6

Vous avez appris les mois de l'année au chapitre 5. Dans la colonne de droite, vous trouverez les noms de six mois. Trouvez les mois qui correspondent aux évènements de la colonne de gauche.

Évènement	Mois
1. Noël en Russie	**a.** октябрь
2. Noël en France	**b.** сентябрь
3. Dostoïevski est né le 30 octobre 1821.	**c.** август
4. Pouchkine est né le 26 mai 1799.	**d.** январь
5. Tolstoï est né le 28 août 1828.	**e.** май
6. En Russie, la rentrée scolaire a lieu le 1er septembre.	**f.** декабрь

Les saisons

Les noms de saisons en russe ne ressemblent pas du tout à leurs équivalents français, sauf peut-être la première syllabe du mot « automne » qui pourrait vous aider à apprendre le mot en russe.

Russe	Traduction
весна	printemps
лето	été
осень	automne
зима	hiver

Activité 7

Pour son devoir, Yvan devait écrire pour chaque saison les noms de deux mois, mais il a fait quelques erreurs.

a. Quelles sont les réponses justes ?

b. Trouvez les autres mois pour lui.

1. ВЕСНА
июль
август

2. ЛЕТО
март
апрель

3. ОСЕНЬ
сентябрь
октябрь

4. ЗИМА
декабрь
январь

L' illustration ci-dessus représente Дед мороз, un parent proche de notre Père Noël, sauf qu'il fait son apparition le 31 décembre.

Les points cardinaux

La Russie s'étend sur huit fuseaux horaires et le climat varie considérablement d'une région à l'autre. Vous devez donc d'abord savoir si vous vous rendez au nord, au sud, à l'est ou à l'ouest du pays.

Les noms russes des points cardinaux peuvent vous paraître peu familiers de premier abord, mais il existe des moyens pour les retenir plus facilement.

Russe	Traduction	Moyen mnémotechnique
юг	Sud	Pensez à l'ex-Yougoslavie, peuplée de Slaves du Sud.
восток	Est	Souvenez-vous de Vladivostok, ville qui se situe à l'extrême est de la Fédération de Russie.
север	Nord	Imaginez le temps « sévère » qu'il peut faire au nord de la Russie.
запад	Ouest	En russe, ce mot est lié à l'idée du coucher du soleil, ou, littéralement, de son « tomber » (падать) à l'Ouest.

Dans le chapitre 6, vous avez appris que les terminaisons des mots russes peuvent parfois changer, mais cela ne doit pas vous gêner !

Lisez les deux phrases suivantes et cachez la traduction jusqu'à ce que vous en ayez compris vous-même le sens.

Russe	Traduction
Монпелье на юге Франции	Montpellier est dans le sud de la France.
Архангельск на севере России	Arkhangelsk est dans le nord de la Russie.

Donc, si vous voulez dire « au nord », « au sud », etc., vous devez employer le mot на devant le mot « nord », puis ajouter la lettre е à la fin du mot.

Russe	Traduction
на севере	au nord

Activité 8

Yvan a eu du mal à faire son devoir de géographie sur les villes françaises ! Dans la colonne de gauche, vous trouverez les réponses d'Yvan.

Corrigez-les en complétant les remarques de son professeur dans la colonne de droite.

ИВАН	УЧИТЕЛЬ (« professeur »)
1. Марсель на севере	Нет, Иван, Марсель на ....
2. Брест на востоке	Нет, Иван, Брест на ....
3. Лилль на юге	Нет, Иван, Лилль на ....
4. Страсбург на западе	Нет, Иван, Страсбург на ....
5. Авиньон на севере	Нет, Иван, Авиньон на ....

i РУССКИЙ КЛИМАТ Le climat russe

Même s'il peut faire vraiment très froid dans de nombreuses régions de Russie en hiver (jusqu'à - 30° à - 40° degrés dans certains endroits), il serait faux de penser qu'il y fait constamment froid en tous lieux. La température peut monter jusqu'à + 40° en été, même dans certaines parties de la Sibérie.

Voici quelques mots-clés pour décrire le temps :

Russe	Traduction
жарко	il fait chaud
идёт дождь	il pleut (littéralement, « la pluie marche »)
идёт снег	il neige (littéralement, « la neige marche »)
холодно	il fait froid

Activité 9

Voici les expressions russes pour indiquer « Nord-Est », et autres directions. Pouvez-vous les traduire ?

1. юго-запад
2. северо- запад
3. юго-восток
4. северо-восток

Activité 10

Regardez la carte de Russie ci-dessous.

Maintenant, complétez les prévisions météo avec des mots appropriés.

1. На северо-востоке ....
2. На .... идёт дождь.
3. На северо-западе ....
4. На юго-западе ...._.

Activité 11

Au début de ce chapitre, vous avez appris l'expression С праздником! - « Meilleurs vœux » (littéralement, « avec la fête »). Le mot праздник peut signifier non seulement « fête », mais aussi « festival » ou « jour férié ».

Dans l'annonce suivante, plusieurs festivals sont décrits et vous verrez que deux mots sont utilisés : праздник et фестиваль. Une fois de plus, ne soyez pas perturbé(e) par les changements de terminaison des mots!

Праздник русского театра	26 августа
Праздник! Диско-бал (лазерное шоу)	5 сентября
Фестиваль русской музыки	15 сентября
Праздник русского спорта	22 сентября

Quelle date devez-vous retenir si vous êtes intéressé(e) par.....

1. le sport ?

2. la musique ?

3. le théâtre ?

4. la musique disco ?

Глава 8 – Chapitre 8

Город и транспорт
La ville et les transports

Dans ce chapitre

- Vous renforcerez votre connaissance de l'alphabet cyrillique.
- Vous découvrirez quelques noms de villes russes.
- Vous apprendrez le vocabulaire à utiliser en ville si vous souhaitez visiter des sites touristiques.
- Enfin, vous maîtriserez le vocabulaire à utiliser dans les transports publics si vous souhaitez vous déplacer par vos propres moyens.

Moscou et Novgorod, villes russes

Le mot **город** signifie « ville » en russe et fait partie du nom de certaines villes russes, par exemple, **Новгород** au nord-ouest de la Russie. Ce nom signifie littéralement « nouvelle ville », même si c'est une des plus anciennes villes russes. Novgorod a été fondée au IXᵉ siècle et elle est surnommée « le père des villes russes ». Cette ville est célèbre pour ses anciennes églises et pour ses fresques (**фрески**) qui datent du XIVᵉ siècle.

Le kremlin (**кремль**, qui signifie « forteresse ») était un lieu important des anciennes villes russes.

À Moscou, entre les murs du **кремль** se trouvent non seulement des bâtiments abritant des institutions politiques ou administratives, mais aussi quelques cathédrales parmi les plus belles de Russie, avec leurs coupoles (**купола**) caractéristiques.

Activité 1

Voici la liste des villes russes les plus importantes. Placez-les dans l'ordre alphabétique.

Омск	
Екатеринбург	
Тверь	
Новосибирск	
Якутск	
Москва	
Владивосток	
Санкт-Петербург	
Пермь	
Иркутск	

Les caractéristiques d'une ville russe

Une ville russe ne se distingue pas seulement par ses kremlins, ses coupoles et ses fresques. La ville russe classique présente aussi généralement des rues larges et de hauts immeubles.

La plupart des Russes habitent dans des appartements (квартиры – ce mot ressemble au mot français « quartier »). Le cirque (цирк) est très important en Russie et quelques grandes villes ont même leur bâtiment de cirque - un chapiteau ne conviendrait pas au climat russe !

Enfin, le patinage et le hockey sur glace sont aussi largement pratiqués, et les patinoires (каток), couvertes ou en plein air, sont très répandues.

Activité 2

Regardez cette liste des principaux bâtiments d'une ville russe. Seuls les mots nouveaux ont été traduits.

Combien de mots reconnaissez-vous sans consulter les Corrigés ?

Russe	Traduction
1. банк	
2. бассейн	piscine
3. библиотека	
4. больница	hôpital
5. гостиница	
6. дискотека	
7. каток	
8. кинотеатр	cinéma

9. магазин	magasin
10. музей	musée
11. памятник	monument
12. парк	parc
13. почта	
14. ресторан	
15. собор	cathédrale
16. стадион	
17. театр	
18. улица	
19. церковь	église
20. цирк	

Comment dit-on « conservatoire Rachmaninov »?

De nombreux établissements - en particulier les théâtres, usines, bibliothèques et universités - portent le nom de personnalités célèbres. Le mot **имени** (littéralement, « du nom de ») figure alors dans leur nom. En voici quelques exemples :

Russe	Traduction
Консерватория имени Рахманинова	Conservatoire Rachmaninov (littéralement « conservatoire du nom de Rachmaninov »)
Институт имени Пушкина	Institut Pouchkine (littéralement « institut du nom de Pouchkine »)

Activité 3

Dans ce programme édité à l'occasion de l'anniversaire du théâtre, vous verrez que l'établissement porte le nom de Tchaïkovski :

1. Quels sont les deux types de spectacle le plus souvent donnés dans ce théâtre ?

2. Dans quelle ville se trouve ce théâtre ?

Que visiter en Russie ?

Lors d'une visite touristique dans une ville russe, vous serez intéressé(e) par tout ce que la ville offre d'attraits.

Outre les grands musées tels le musée Pouchkine à Moscou ou le musée de l'Ermitage à Saint-Pétersbourg, vous pourrez aussi visiter des musées plus petits, dans des bâtiments où ont vécu des personnalités célèbres - par exemple, des écrivains tels que Pouchkine, Dostoïevski ou Tchekhov.

De nombreuses églises sont aujourd'hui des lieux de culte, mais certaines d'entre elles, en particulier les grandes cathédrales, ont gardé leur statut de musée.

Vous pouvez aussi admirer des œuvres d'art dans des galeries ou des salles d'exposition.

De nombreux palais méritent également une visite, surtout ceux de Saint-Pétersbourg et de sa région.

Voici une liste qui vous sera utile quand vous voudrez visiter une ville riche en histoire :

Russe	Traduction
выставочный зал	salle d'exposition
галерея	galerie
дворец	palais
дом-музей	maison-musée (ancienne demeure d'une personne célèbre)
исскуство	art
музей-квартира	appartement-musée
музей имени Пушкина	musée Pouchkine
Эрмитаж	l'Ermitage

Activité 4

Voici la description des centres d'intérêt de deux groupes de touristes et voilà deux programmes d'excursion à Moscou, rédigés en russe :

Groupe **A** : s'intéresse principalement à l'art et l'architecture

Groupe **B** : s'intéresse principalement à la littérature et la musique

Экскурсия A2702
9ч 30 отъезд
10 ч 30 Большой Кремлёвский дворец
15 ч 30 Третьяковская галерея
18ч 30 Лекция «Русское искусство»

Экскурсия A2902
14ч 30 отъезд
15ч 00 Музей-квартира А.П. Чехова
17ч 00 Лекция «Русская литература»
19ч 30 Опера «Евгений Онегин»

1. Laquelle des deux excursions pourrait davantage intéresser le groupe **B** ?

2. Quel est le musée mentionné dans le programme de l'excursion A2702 ?

3. Dans quel endroit précis de Moscou se trouve le palais mentionné dans le programme de l'excursion A2702 ?

4. Quelle est l'activité proposée à 19 heures 30 dans le programme de l'excursion A2902 ?

Activité 5

Les neufs mots de ce tableau désignent différents établissements que l'on trouve dans une ville.

- суперм**а**ркет
- медп**у**нкт
- киноте**а**тр
- больн**и**ца
- клуб
- поликл**и**ника
- магаз**и**н деликат**é**сов
- парфюм**е**рия
- те**а**тр

1. Quels sont les trois établissements où vous irez faire vos achats ?

2. Quels sont les trois établissements où vous irez si vous ne vous sentez pas bien ?

3. Quels sont les trois établissements où vous irez vous divertir ?

Activité 6

Anna a écrit une carte à son amie à propos de son séjour à Moscou. Elle recommande vivement la visite de la ville et parle de quatre endroits qu'elle a trouvés intéressants. Quels sont-ils ? Ne soyez pas gêné(e) par les terminaisons des mots qui peuvent changer.

Дорогая Варя,
Здесь очень интересно – соборы, музеи, галереи и дворцы.
Одним словом, нам здесь очень нравится.
Твоя Анна

Se déplacer en transports publics

Si vous voulez vous déplacer dans une ville, il est important de connaître les moyens de transport à votre disposition. Certaines des villes les plus importantes ont un métro qui est le meilleur moyen de transport - à Moscou, le métro vaut une visite à lui tout seul pour admirer les belles décorations et les sculptures qui ornent les stations.

Si vous prenez le métro, il est important de savoir vous repérer. Vous aurez donc besoin d'un plan du métro. Sinon, cherchez le panneau avec un grand M lorsque vous vous promenez dans les rues. Moscou compte 170 stations de métro et 275,6 kilomètres de voies. Le départ du premier train est à 5h30 et celui du dernier à 1 heure du matin.

Dans une ville russe, on trouve également des bus, des tramways et des trolleybus. Selon la ville que vous visitez, vous aurez besoin d'un jeton ou d'un ticket pour utiliser les transports publics.

Sinon, vous pouvez toujours vous déplacer en taxi !

Activité 7

Voici les mots clés du paragraphe précédent en russe. Trouvez leur signification.

1. автобус
2. билет
3. жетон
4. метро
5. станция
6. схема метро
7. такси
8. трамвай
9. транспорт
10. троллейбус

Trouver sa station en ville

- Si vous voulez prendre un bus, un tramway ou un trolleybus, cherchez un arrêt : остановка
- Si vous voulez prendre le métro, cherchez une station : станция
- Si vous voulez trouver un taxi, cherchez une station de taxi : стоянка такси

Remarquez que ces trois mots contiennent les lettres с, т et н. Pour mieux les mémoriser, pensez au mot « station » qui contient aussi ces lettres.

Voyager en train ou en avion

Si vous entreprenez un voyage, vous aurez besoin de prendre le train (поезд) ou l'avion (самолёт) pour traverser les vastes étendues de la Russie.

- Pour prendre un train, vous irez à la gare : вокзал
- Le mot qui signifie « aéroport » est le plus facile à retenir : аэропорт
- Le mot поездка (« voyage ») est utilisé pratiquement pour tous les moyens de transport. Ce mot est très proche du mot поезд, mais vous pouvez également l'utiliser en parlant de vos trajets en métro, en bus, en tramway ou en trolleybus.

Activité 8

Regardez ce billet de tramway.

1. Dans quelle ville pouvez-vous l'utiliser ?
2. Quel est le prix de ce billet ?

Activité 9

Voici les noms de dix stations de métro à Moscou :

1. АЭРОПОРТ
2. БИБЛИОТЕКА ИМЕНИ ЛЕНИНА
3. БОТАНИЧЕСКИЙ САД
4. ИЗМАЙЛОВСКИЙ ПАРК
5. КИЕВСКАЯ
6. ПЛОЩАДЬ НОГИНА
7. ПУШКИНСКАЯ
8. ТРЕТЬЯКОВСКАЯ
9. УНИВЕРСИТЕТ
10. ЮГО-ЗАПАДНАЯ

1. À quelle station de métro descendez-vous pour arriver à l'hôtel Izmailovo ?
2. Quelle station porte le nom d'un écrivain célèbre ?
3. À quelle station de métro descendez-vous pour visiter la partie sud-ouest de Moscou ?
4. À quelle station de métro descendez-vous pour prendre l'avion ?
5. À quelle station de métro descendez-vous pour visiter la galerie d'art Tretiakov ?

Moyens de transport individuels et collectifs

Vous avez vu que certains mots russes désignant des moyens de transport publics proviennent d'Europe de l'Ouest (« bus », « métro », « taxi », « tramway », « trolleybus »). C'est aussi le cas de certains moyens de transport individuels.

Russe	Traduction
автомобиль, машина	auto, voiture
велосипед	vélo, bicyclette
мотоцикл	moto

Les autres moyens de transport sont des mots composés de deux racines russes qui indiquent leur mode de fonctionnement.

• Ainsi, le mot самолёт (« avion ») signifie littéralement « celui qui vole tout seul », car сам a le sens de « tout seul » et летать signifie « voler ».

• Le mot вертолёт (« hélicoptère ») signifie « celui qui vole et qui tourne », puisque вертеть a le sens de « tourner ».

• Le mot поезд vient du verbe ездить qui signifie « se déplacer en moyen de transport ».

Activité 10

Quelle est la seule marque de voiture russe dans ce tableau ?

• ЛАДА
• МЕРСЕДЕС
• РЕНО
• ПЕЖО
• СИТРОЭН

Faire un grand voyage en train

Un voyage en train à travers la Russie peut être une expérience particulièrement intéressante. C'est un bon moyen pour rencontrer des gens et visiter le pays.

Par exemple, le voyage à Perm (Пермь) dans les monts Oural dure approximativement 24 heures depuis Moscou avec le Transsibérien - qui continue son trajet pendant encore plusieurs jours après Perm - ou encore avec un train régional qui s'appelle Кама, du nom du fleuve qui traverse Perm, gare terminus de ce train.

La Sibérie (Сибирь, qui signifie « terre endormie » en langue tatare) s'étend entre les monts Oural (Урал) et l'océan Pacifique (Тихий океан), sur une distance de plus de 5000 kilomètres.

Votre billet ou « document de voyage » (проездной документ) pour une longue distance portera probablement le sigle suivant :

РЖД

Cette abréviation signifie Российская Железная Дорога (littéralement « chemin de fer russe »). Pour un voyage de longue distance, vérifiez les références sur votre billet :

Russe	Traduction
вагон	voiture
купе	compartiment
место	place (siège ou couchette)

Activité 11

Regardez ce billet de train et répondez aux questions suivantes.

<table>
<tr><td colspan="2">ПРОЕЗДНОЙ ДОКУМЕНТ</td><td colspan="2">138465</td></tr>
<tr><td>АСУ «ЭКСПРЕСС»</td><td colspan="2">РЖД</td><td>ЦЕНА 500 руб.</td></tr>
<tr><td colspan="2">Поезд 22 МОСКВА – ПЕРМЬ 2
Вагон 07
Место 05</td><td colspan="2">Отправление 25.05.2005 19.00
Прибытие 26.05.2005 17.01</td></tr>
</table>

1. Quel est le prix du billet ?

2. Que signifie à votre avis le mot Прибытие ?

3. Que signifie le chiffre 22 : est-ce le numéro du train, de la voiture ou du compartiment ?

Activité 12

КРОССВОРД

ПО ВЕРТИКАЛИ (verticalement)

1. Partie du train.

2. Endroit pour voir des pièces de théâtre, des opéras et des ballets.

3. Endroit pour faire du patin à glace.

4. Vous en avez besoin pour voyager en bus, en train, en tramway ou en trolleybus.

ПО ГОРИЗОНТАЛИ (horizontalement)

1. Véhicule aérien avec des hélices tournantes.

2. Endroit où faire ses courses.

3. Endroit où conserver son argent.

4. Très grande église.

5. Parfois, vous en avez besoin à la place d'un ticket.

6. Spectacle avec des animaux et des acrobates.

7. Chemin de fer souterrain.

Глава 9 – Chapitre 9

Гостиница и ресторан
Les hôtels et les restaurants

Dans ce chapitre

- Vous continuerez à vous entraîner à lire l'alphabet cyrillique.
- Vous apprendrez à compter en russe et à changer de l'argent, par exemple.
- Vous saurez vous débrouiller à l'hôtel.
- Enfin, vous serez en mesure de commander un repas au restaurant et vous en saurez davantage sur la cuisine russe.

À l'hôtel en Russie

En Russie, la plupart des touristes dans les grandes villes séjournent dans de grands hôtels qui doivent être réservés à l'avance.

Souvent, ces hôtels portent des noms de villes, de régions ou de pays, tels :

• ТВЕРСКАЯ (« Tverskaïa »). Cet hôtel se trouve dans la rue Tverskaïa, la principale artère de Moscou, à vingt minutes à pied de la place Rouge (Красная площадь).

• ИЗМАЙЛОВО (« Izmailovo »). Cet hôtel moscovite se trouve près de la station de métro ИЗМАЙЛОВСКИЙ ПАРК.

• МОСКВА (« Moscou »). À Moscou et à Saint-Pétersbourg, il existe un hôtel qui porte ce nom.

• ПРИБАЛТИЙСКАЯ. Cet hôtel moderne se trouve au bord de la Neva à Saint-Pétersbourg. Comme le suggère son nom, il n'est pas très loin de la mer Baltique.

Quand vous arrivez à votre hôtel, vous devez décliner votre identité à la réception auprès de l'administrateur (администратор), qui vous demandera de lui laisser votre паспорт et votre виза, le temps d'accomplir les formalités d'enregistrement.

La plupart des hôtels remettent alors une карточка (« petite carte ») à leurs clients.

Cette carte vous sera souvent demandée, par exemple pour accéder à l'entrée principale de l'hôtel.

Elle vous sera également demandée par le personnel à la réception de l'hôtel ou bien encore, à chaque étage, pour obtenir la remise de la clé de votre chambre.

Activité 1

Voici une liste de mots qui vous sera utile lors de votre séjour à l'hôtel. Nous vous donnons seulement la traduction des mots nouveaux.

Combien de mots reconnaissez-vous, sans regarder ni les Corrigés ni le chapitre 6 où vous les avez vus pour la première fois ?

Russe	Traduction
1. администратор	
2. бланк	
3. виза	
4. горничная	femme de chambre
5. гостиница	
6. дежурная	employée de service, responsable d'un étage
7. ключ	clé
8. номер	
9. паспорт	
10. этаж	

Les services dans les hôtels russes

Les hôtels touristiques sont souvent très grands en Russie et, comme vous l'avez vu au chapitre 6, p. 62, ils proposent de nombreux services, allant du snack bar jusqu'au sauna.

Voici quelques mots nouveaux qui ne figurent pas au chapitre 6.

Russe	**Traduction**
бассейн	piscine
казино	casino
кегельбан	bowling
кинотеатр	cinéma
лифт	ascenseur
парикмахерская	salon de coiffure
ремонт	réparations (chaussures, appareils électriques, etc.)
прачечная	laverie
химчистка	pressing

Le mot РЕМОНТ peut désigner un « service (de réparation) », mais aussi des « travaux ».

Vous pourrez voir cette pancarte dans votre hôtel signifiant que le service en question est « fermé pour travaux ».

ЗАКРЫТ НА РЕМОНТ

Activité 2

Lisez cette карточка :

САНКТ-ПЕТЕРБУРГ ПЛОЩАДЬ АЛЕКСАНДРА НЕВСКОГО, 2 ГОСТИНИЦА МОСКВА В центре города – Метро «Площадь Александра Невского» тел. 274 95 05

1. Pourquoi cet hôtel est-il très pratique pour un(e) touriste ?

2. Quelles informations utiles trouvez-vous sur cette carte ?

La place Rouge et la place Alexandre Nevsky

Vous avez déjà rencontré deux fois le mot площадь (« place ») :

• Красная площадь (« place Rouge ») : le mot красная signifie « belle » en vieux russe - donc le nom de la place principale de Moscou n'a rien à voir avec les drapeaux rouges de l'époque communiste.

• Площадь Александра Невского (« place Alexandre Nevsky ») : cette place se situe au cœur de Saint-Pétersbourg et porte le nom de ce prince russe en souvenir de sa victoire sur la Suède au XIIIe siècle. L'artère principale de Saint-Pétersbourg porte également son nom (Невский проспект).

Échanger son argent

L'échange de devises étrangères fait souvent partie des services proposés dans les grands hôtels. Voici les mots clés pour cette opération :

обмен : échange

валюта : devise étrangère (Vous rappelez-vous encore ce mot ? Pensez au mot « valeur » !)

Si vous changez de l'argent dans un hôtel, vous recevrez un relevé de transaction sur lequel le caissier indiquera en toutes lettres - et pas obligatoirement en chiffres - la somme d'argent échangée et le montant de roubles reçus. Les noms des nombres en russe ne ressemblent pas à leurs équivalents français, à l'exception du chiffre « trois » (три). Vous pouvez mémoriser le mot десять (« dix ») en pensant au mot « décimale ».

Voici quelques nombres en russe :

	Russe
1	од**и**н
2	два
3	три
4	чет**ы**ре
5	пять
6	шесть
7	семь
8	в**о**семь
9	д**е**вять
10	д**е**сять
11	од**и**ннадцать
12	двен**а**дцать
13	трин**а**дцать
14	чет**ы**рнадцать
15	пятн**а**дцать
16	шестн**а**дцать
17	семн**а**дцать
18	восемн**а**дцать
19	девятн**а**дцать
20	дв**а**дцать
30	тр**и**дцать
40	с**о**рок
50	пятьдес**я**ть
60	шестьдес**я**ть
70	с**е**мьдесять
80	в**о**семьдесять
90	девян**о**сто
100	сто
200	дв**е**сти
300	тр**и**ста
400	чет**ы**реста
500	пятьс**о**т
600	шестьс**о**т
700	семьс**о**т
800	восемьс**о**т
1000	т**ы**сяча

Il est très facile de compter à partir de 20 en russe : il vous suffit de placer un nombre après l'autre.

Exemples :

24 дв**а**дцать чет**ы**ре

55 пятьдес**я**т пять

103 сто тр**и**

Activité 3

Voici l'extrait d'un formulaire d'échange de devises provenant du bureau de change d'un hôtel russe.

Lisez-le et répondez en français aux questions suivantes :

1. Dans quel hôtel se trouve le bureau de change ?

2. Quel est le nom de famille du client ?

3. Est-ce que ce client réside à l'hôtel ?

4. Quelle somme d'argent a-t-elle été changée ?

5. Combien de roubles le client a-t-il reçus ?

6. Quelle est la date de la transaction ?

СПРАВКА — ПУНКТ ОБМЕНА ВАЛЮТ

Гостиница Москва
Улица Охотный ряд 2
Москва

Клиент: Дюран, Жак

Резидент ___________ Нерезидент ______X______

Сумма сто евро

Получено клиентом триста сорок пять рублей

20 августа 2006

Activité 4

Pendant son séjour à l'hôtel Moscou, Macha écrit une lettre à une amie en utilisant une enveloppe fournie par l'hôtel :

Гостиница Москва
Улица Охотный ряд 2

Москва

19622 Иркутск
ул. Александра Пушкина,
д. 20, кв. 15
Горбунову К. В.

1. Dans quelle ville son amie habite-t-elle ?
2. Sa rue porte le nom d'un écrivain célèbre. Lequel ?
3. Quel est le numéro de l'appartement ?

Au restaurant

Si vous vous restaurez au buffet (буфет) de l'hôtel, vous aurez probablement un choix de sandwiches et de boissons :

Russe	Traduction
бутерброд	sandwich
водка	vodka
коньяк	cognac
кофе	café
минеральная вода	eau minérale
чай	thé

En revanche, un repas complet dans un restaurant sera composé de plusieurs plats.

D'abord, vous demanderez à consulter le menu (меню), puis vous passerez commande auprès du serveur (официант) ou de la serveuse (официантка), sauf si votre repas est compris dans le séjour.

Les hors-d'œuvre (закуски) sont bien plus consistants qu'en Europe de l'Ouest : en entrée, vous pourrez commander des salades, de la viande froide, du poisson fumé, des petits gâteaux salés et des tartines.

Les entrées sont suivies d'une soupe (суп), puis d'un plat chaud avec de la viande ou du poisson.

Les desserts les plus répandus sont des compotes de fruits ou des glaces, sans parler des gâteaux.

Le pain (хлеб) est un élément essentiel de tout repas russe. Le pain « noir » (de seigle, чёрный хлеб) est le plus prisé.

Activité 5

Un serveur de restaurant a du mal à savoir qui a commandé quoi. Vous êtes au restaurant avec deux amis qui ont commandé un déjeuner léger et, heureusement, vous avez noté tous les choix. Voici votre liste :

Victor : • soupe • omelette • eau minérale

Tania : • salade • pain • vin

Moi : • soupe • salade • pain • vin

Voici les plats que le serveur vous apporte :

Виктор:	суп, салат, вино
Таня:	минеральная вода, омлет, хлеб
Вы:	суп, омлет, вино, хлеб

Quelles erreurs le serveur a-t-il commises ?

Trois repas par jour

Les trois repas de la journée sont :

1. завтрак: le petit déjeuner (dans les grands hôtels, les clients se servent souvent eux-mêmes au buffet. Ce système a pour nom шведский стол (littéralement « table suédoise »)

2. обед : déjeuner (souvent, c'est le repas le plus consistant de la journée)

3. ужин : dîner

Activité 6

Le programme touristique de votre journée est assez chargé :

8 ч 00	завтрак (гостиница Москва, ресторан А)
9 ч 00	отъезд
10 ч 30	Кремль и Красная площадь
12 ч 00	обед (гостиница Интурист, шведский стол)
14 ч 00	Исторический музей
18 ч 00	ужин (гостиница Тверская, буфет этаж 15)
19 ч 30	Большой театр

1. Quel repas prendrez-vous à l'hôtel Tverskaïa ?
2. Sous quelle forme sera présenté le déjeuner à l'hôtel Intourist ?
3. Que visiterez-vous avant le déjeuner ?
4. Où irez-vous après le dîner ?

Quelques plats russes typiques

Russe	Traduction
блин	blini (sorte de crêpe)
икра	caviar
квас	kvas (boisson à base de pain de seigle fermenté)
сметана	crème fraîche

Les soupes sont un élément essentiel des repas russes : les soupes chaudes réchauffent en hiver et les soupes froides et relevées rafraîchissent pendant les grandes chaleurs de l'été au sud de la Russie.

Les soupes chaudes les plus connues en Europe de l'Ouest sont борщ (soupe aux betteraves) et щи (soupe au chou), même s'il existe une variante froide de борщ.

Deux autres soupes typiques s'appellent солянка (soupe de viande et de légumes servie avec des cornichons et de l'aneth) et окрошка (soupe froide à base de kvas ou de cidre).

Activité 7

Un hôtel de Saint-Pétersbourg invite ses clients à remplir un questionnaire de satisfaction sur les services de l'hôtel. Les clients peuvent donner trois appréciations :

Russe	Traduction
отлично	excellent
хорошо	bon
плохо	mauvais

Les clients doivent évaluer le niveau des services (СЛУЖБА).

Lisez le questionnaire rempli par ce client, puis répondez aux questions ci-contre :

СЛУЖБА	ОТЛИЧНО	ХОРОШО	ПЛОХО
служба приёма (администратор)			X
служба этажа (дежурная)		X	
рестораны	X		
буфеты и кафетерии	X		
бары	X		
ремонт, прачечная, химчистка		X	
Дата заполнения : 19 ноября 2006			

1. Quel est le seul service dont le niveau est jugé insuffisant par le client ?
2. Quels services sont jugés excellents ?
3. Quand le client a-t-il rempli ce formulaire ?

Activité 8

Vous venez de recevoir une carte postale d'une amie russe qui passe ses vacances à Saint-Pétersbourg. Cherchez les mots clés pour répondre aux questions suivantes. Vous aurez sans doute besoin de réviser le vocabulaire des saisons et du climat au chapitre 7, pp. 70-72.

Дорогая Даша,
В Петербурге очень холодно... снег, снег и снег!
Гостиница отличная, рестораны хорошие. Их борщ очень вкусный.
Целую тебя,
Твоя Настя

1. Quel temps fait-il ?
2. Comment votre amie trouve-t-elle l'hôtel ?
3. Quel plat votre amie mentionne-t-elle dans sa carte ?

Глава 10 – Chapitre 10

Хобби
Les loisirs

Dans ce chapitre

- Vous reverrez toutes les lettres de l'alphabet cyrillique.
- Vous apprendrez le vocabulaire utile pour parler de sport et d'autres loisirs.
- Enfin, vous réviserez l'ensemble de vos acquis !

Partie 1 (Часть первая)

La place du sport en Russie

Le sport est très répandu en Russie.

Voici les disciplines sportives les plus pratiquées. Elles sont liées aux conditions climatiques du pays.

Russe	Traduction
КАТАНИЕ НА ЛЫЖАХ	ski
ФИГУРНОЕ КАТАНИЕ	patinage artistique
ХОККЕЙ (НА ЛЬДУ)	hockey (sur glace)

N.B. En Russie, lorsque quelqu'un parle de hockey, il sous-entend « hockey sur glace ».

• Un autre sport favori des Russes est la pêche (рыбная ловля). Même en plein hiver, vous pouvez voir des pêcheurs penchés au-dessus des trous qu'ils ont percés dans la glace épaisse des fleuves gelés.

• Certains nageurs, eux aussi, ne cèdent pas devant la rigueur hivernale : à Moscou, il existe près de 3500 « morses » (моржи), c'est-à-dire des nageurs intrépides qui creusent la glace pour pouvoir nager en plein air toute l'année. Actuellement, le plus âgé d'entre eux a 82 ans. La température de l'air préférée de ces « morses » pour faire de la natation (плавание) est de -20°C. Apparemment, la température de l'eau est bien plus élevée, surtout au fond du fleuve. Ce qui n'empêche pas les « morses » de ressortir de l'eau avec de petits glaçons dans les cheveux.

Activité 1

Dans la liste suivante, un seul sport n'a pas de rapport avec l'eau. Lequel ?

1. серфинг
2. плавание
3. виндсерфинг
4. баскетбол
5. рыбная ловля

Sports d'équipe

Le verbe clé lié au sport est играть (« jouer »).

Vous pouvez facilement reconnaître les mots de la même famille, car ils commencent tous par la même racine, игр.

Russe	Traduction
игра	jeu
играть	jouer
игрок	joueur

En russe comme en français, les mots играть (« jouer ») et игрок (« joueur ») peuvent se rapporter aussi aux jeux d'argent (cartes, etc.).

En russe, vous rencontrerez souvent des « familles » de mots. Donc, si vous ne reconnaissez pas un nouveau mot, essayez toujours de comprendre le sens de la racine de ce mot.

Ce principe est valable aussi pour tout vocabulaire qui se rapporte au sport.

Russe	Traduction
футбол	football
футболист	footballeur
футбольный матч	match de football
хоккей	hockey
хоккеист	joueur de hockey
хоккейный матч	match de hockey

Le mot russe qui signifie «T-shirt » a la même racine : футболка.

L'« alpinisme » se dit альпинизм en russe. Vous mémoriserez ce mot très facilement.

Vous reconnaîtrez plus difficilement certains autres mots liés au sport :

Russe	Traduction
борьба	lutte
гонки	courses
плавание	natation
прыжок в длину	saut en longueur
фехтование	escrime

Le mot болельщик signifie « supporter » en russe et vient du mot болеть (« être malade ») : autrement dit, ce mot exprime le degré de dépendance à la vie d'une équipe. Vous pouvez assister à un match de votre équipe (команда) sur le terrain, au stade (стадион) ou alors le regarder tranquillement chez vous à la télé (по телевизору).

Activité 2

Lisez le texte suivant à propos de Serguei et répondez aux questions en français. Ne vous inquiétez pas si vous ne comprenez pas tous les mots : vous serez néanmoins capable de répondre aux questions.

Сергей – хоккеист. Он играет в хоккей на стадионе. Сергей играет в хоккей по средам и по субботам. Сергей не играет в футбол, но любит смотреть футбол по телевизору.

1. Quel sport Serguei pratique-t-il au stade ?

2. Quels jours de la semaine les entraînements ont-ils lieu ?

3. Quel sport regarde-t-il à la télé ?

Activité 3

Trouvez dans la colonne de gauche les sports qui correspondent aux personnes qui les pratiquent dans la colonne de droite. Cherchez les racines des mots pour mieux les comprendre.

Sport	Personne
1. волейбол	А гимнаст
2. гольф	Б пловец
3. плавание	В фехтовальщик
4. борьба	Г игрок в гольф
5. гимнастика	Д гонщик
6. прыжок в длину	Е борец
7. альпинизм	Ж прыгун
8. фехтование	З волейболист
9. крикет	И альптиист
10. гонки	К игрок в крикет

Activité 4

Où ces sports sont-ils pratiqués ? Trouvez le mot qui correspond à chaque sport de la liste ci-dessous :

1. Tennis

2. Patinage artistique

3. Football

4. Natation

5. Volley-ball

БАССЕЙН ТЕННИСНЫЙ КОРТ ВОЛЕЙБОЛЬНАЯ ПЛОЩАДКА
КАТОК СТАДИОН

Vous remarquerez que le mot площадка (« terrain », littéralement « petite place ») a la même racine que le mot площадь (« place ») dont vous connaissez le sens depuis le chapitre 9, p. 89 (par exemple, Красная Площадь).

Autres loisirs

Les émissions télévisées consacrées au sport sont très prisées, surtout si c'est un match de football (футбольный матч) ou un match de hockey (хоккейный матч).

Les noms d'équipes les plus courants sont le Dynamo (Динамо), le Torpedo (Торпедо) et le Spartak (Спартак) - et pas seulement à Moscou.

Voici une liste d'activités qui ne sont pas liées au sport. Combien de mots reconnaissez-vous sans regarder la colonne de droite ?

Russe	Traduction
кино	cinéma
компьютерные игры	jeux vidéo
музыка	musique
театр	théâtre
телевизионные программы	émissions de télévision
шахматы	échecs

Les mots suivants concernant ces loisirs sont moins faciles à mémoriser :

Russe	Traduction
рисование	dessin, peinture
чтение	lecture

Le mot шахматы (« échecs ») n'est pas forcément facile à reconnaître au premier abord, mais en le regardant de plus près, vous verrez qu'il est composé des mots шах (« échec ») et мат (« mat »).

Les mots les plus récents sont souvent directement empruntés à la langue anglaise, comme par exemple le mot серфинг (« surf »). Parfois, le même mot d'origine anglaise peut avoir deux versions, une plus récente et une plus ancienne (par exemple, un fan de moto peut, de nos jours, être appelé байкер au lieu de мотоциклист).

Activité 5

Triez les mots de la liste suivante en trois catégories :

1. Musique ou art dramatique

2. Sport

3. Autre

А Балет

Б Шахматы

В Телесериал

Г Хоккейный матч

Д Опера

Е Шекспир «Ромео и Джульетта»

Ж Атлетика

З Чтение

И Оркестр

К Гол

Activité 6

Les deux publicités de la p. 102, А et Б, sont incomplètes. Il faut leur adjoindre les illustrations correspondantes.

1. Quelle publicité correspond à l'illustration n°1 ?

2. Quelle publicité correspond à l'illustration n°2 ?

3. À quel endroit l'activité mentionnée dans la publicité А a-t-elle lieu ?

4. Pour quel jour de la semaine l'activité Б est-elle programmée ?

1.

2.

А

ЧЕТВЕРГ 10 ДЕКАБРЯ
ЛЕКЦИЯ «Компьютер – друг или враг?»
(Университет 17ч 30)

Б

СУББОТА 19 ДЕКАБРЯ
ВЫСТАВКА «Лучшие телесериалы нашего века»
(Библиотека, 9ч 00 – 18ч 00)

Activité 7

Vous venez de recevoir une carte postale de votre ami russe Kirill décrivant les activités qui lui sont proposées pendant ses vacances. Cherchez les mots clés afin de pouvoir répondre aux questions suivantes.

1. Quelles sont les deux activités sportives proposées ?

2. Que peuvent faire les personnes qui n'aiment pas le sport ?

3. Dans quelle ville balnéaire Igor se trouve-t-il ?

Привет Игорь,

Здесь можно играть в гольф и в теннис, смотреть фильмы или телевизор.
Мне нравится в Ялте!

До свидания,

Кирилл

Activité 8

Vous venez de recevoir une invitation pour un concert organisé à l'occasion du 60e anniversaire d'une école de musique.

1. Dans quelle ville ce concert a-t-il lieu ?

2. Quel nom de compositeur célèbre cette école porte-t-elle ?

Activité 9

Rimski-Korsakov, un des compositeurs russes les plus célèbres, était aussi un grand professeur et chef d'orchestre. Lisez la phrase suivante en russe qui parle de lui. Reconnaissez-vous les mots qui signifient « compositeur », « pédagogue », « symphonies » et « suites » ?

Никол**а**й Андр**е**евич Р**и**мский-К**о**рсаков (1844-1908) – композ**и**тор (**о**перы, симф**о**нии, сю**и**ты), педаг**о**г, дириж**ё**р.

Partie 2 Часть вторая

Et maintenant, quelques révisions !

Activité 10

Vous cherchez un restaurant. Ne vous inquiétez pas si vous ne connaissez pas tous les mots de ces trois publicités. Vous pourrez toujours trouver les informations dont vous avez besoin.

Ресторан А

ПАТИО ПАСТА Итальянская еда в центре Москвы. Открыт с 12 дня до 12 ночи.

Ресторан Б

ДАНИЛОВСКИЙ Традиционная русская кухня. Элегантная обстановка. Открыт до 11 вечера.

Ресторан В

СЕВИЛЛИЯ Испанский ресторан. Широкий выбор вин. Открыт до 5 утра

1. Quel restaurant a pour spécialité la cuisine russe traditionnelle ?
2. Quel restaurant propose des spécialités italiennes ?
3. Quel restaurant choisirez-vous si vous voulez manger espagnol ?
4. Quel restaurant propose un grand choix de vins ?
5. Quel restaurant possède une décoration soignée ?
6. Quel restaurant se trouve au centre-ville ?

Activité 11

L'annonce suivante indique la procédure d'utilisation d'une carte de crédit. Voici un peu de vocabulaire pour vous aider à répondre aux questions.

Russe	Traduction
или	ou
иметь	avoir, posséder
надо	il est nécessaire
принимаются	sont acceptés

1. Quels sont les trois endroits où une carte de crédit peut être utilisée ?

2. Quel document devez-vous présenter en même temps que la carte de crédit pour pouvoir l'utiliser ?

КРЕДИТНЫЕ КАРТОЧКИ
Кредитные карточки принимаются в гостиницах, ресторанах и казино. Надо иметь паспорт или удостоверение личности.

Activité 12

Un des mots suivants ne désigne pas un moyen de transport. Lequel ? Que signifie-t-il ?

1. самолёт
2. автобус
3. мотоцикл
4. велосипед
5. вертолёт
6. трамвай
7. бодибилдинг
8. метро
9. поезд
10. троллейбус

Activité 13

Regardez le panneau descriptif des étages d'un grand magasin, puis répondez aux questions.

ЭТАЖ	ОТДЕЛ
1	Книги, журналы, газеты
2	Багаж – сумки, чемоданы
3	Телевизоры, магнитофоны, компьютерная техника
4	Кафе-ресторан, туалеты
5	Музыка, ноты, кассеты, CD
6	Мода, парфюмерия

1. À quel étage pouvez-vous vous restaurer ?
2. À quel étage se trouve le rayon informatique ?
3. À quel étage se situe le rayon librairie ?
4. Où pouvez-vous acheter du parfum ?
5. Où irez-vous pour acheter des bagages ?

Activité 14

Vous vérifiez les bordereaux du bureau de change. Trouvez la somme d'argent changée par chaque client.

Les sommes sont écrites en toutes lettres - vous aurez donc peut-être besoin de consulter encore une fois le chapitre 9, p. 90.

Клиент А

Сумма	сто долларов США
Получено клиентом	двести восемьдесят рублей
24 августа 2005 года	

Клиент Б

Сумма	двести евро
Получено клиентом	семьсот рублей
25 июля 2005 года	

Клиент В

Сумма	тысяча канадских долларов
Получено клиентом	две тысячи триста рублей
4 апреля 2005 года	

Клиент Г

Сумма	сто швейцарских франков
Получено клиентом	двести двадцать рублей
7 августа 2005 года	

1. Quel client a-t-il changé de l'argent en avril ?

2. Quelle devise ce client a-t-il échangée ?

3. Combien de roubles le Клиент Б a-t-il reçus ?

4. Quelle devise le Клиент Г a-t-il échangée ?

Activité 15

КРОССВОРД!

Cette dernière grille de mots croisés vous permettra d'utiliser le vocabulaire et les éléments de culture russe que vous avez appris.

ПО ГОРИЗОНТАЛИ (horizontalement)

1. Le plus connu est à Moscou, mais plusieurs autres villes en ont un (ce mot signifie « forteresse »).

2. Il est important de connaître son numéro pour retrouver votre chambre d'hôtel.

3. Le lieu de travail d'une secrétaire.

4. Un endroit à visiter si vous êtes intéressé(e) par l'histoire.

5. Un traité historique.

6. L'équivalent masculin d'une sœur.

7. Constitué de musiciens.

8. Un pays russophone.

ПО ВЕРТИКАЛИ (verticalement)

1. Cette fête a lieu en Russie au mois de janvier.

2. Le troisième mois de l'année.

3. Cette personne travaille dans un restaurant.

4. Un élément important de l'alimentation russe.

5. Une personne qui écrit des livres.

6. Un aliment très populaire en Chine.

Test

Le but de ce test est de vous entraîner un peu plus à reconnaître les lettres de l'alphabet tout en révisant le vocabulaire que vous avez appris.

I. Trouvez l'« intrus » dans chaque groupe de mots. Pour cela, vous pouvez vérifier le sens des mots dont vous n'êtes pas sûr(e) en vous aidant du Lexique bilingue russe-français, p. 117.

1.	• весна ☐	• лето ☐	• осень ☐	• гитара ☐
2.	• бутерброд ☐	• адрес ☐	• конфеты ☐	• сыр ☐
3.	• глаз ☐	• нос ☐	• август ☐	• голова ☐
4.	• город ☐	• обед ☐	• завтрак ☐	• ужин ☐
5.	• омлет ☐	• театр ☐	• музыка ☐	• опера ☐
6.	• офис ☐	• мать ☐	• сын ☐	• дочь ☐
7.	• плавание ☐	• парк ☐	• теннис ☐	• футбол ☐
8.	• вторник ☐	• суббота ☐	• четверг ☐	• почта ☐
9.	• университет ☐	• снег ☐	• студент ☐	• профессор ☐
10.	• блин ☐	• холодно ☐	• жарко ☐	• дождь ☐

II. Choisissez à présent la bonne réponse parmi les situations suivantes.

1. Vous êtes un(e) touriste intéressé(e) par l'Histoire. Quel endroit voulez-vous visiter ?

a. стоянка такси ☐
b. музей ☐
c. бассейн ☐

2. Lequel de ces endroits est le lieu de travail d'un serveur ?

a. больница ☐
b. банк ☐
c. ресторан ☐

3. Vous souhaitez aller au théâtre. Qu'achetez-vous ?

a. билет ☐
b. багаж ☐
c. чемодан ☐

4. Vous êtes touriste. Où logez-vous ?

a. цирк ☐
b. церковь ☐
c. гостиница ☐

5. Vous avez faim. De quoi avez-vous besoin ?

a. хлеб ☐
b. шарф ☐
c. номер ☐

Corrigés

Chapitre 1 (p. 9-14)

Activité 1

- **1. b.** atome
- **2. e.** chat
- **3. a.** tact
- **4. d.** coma
- **5. c.** cacao

Activité 2

- **5.** KAMA

Activité 4

- **1.** Qui est là ?
- **2.** Oui

Activité 5

- **1.** как
- **2.** там
- **3.** кто
- **4.** так

Chapitre 2 (p. 15-21)

Activité 1

- Нева

Activité 3

- **1.** р • **2.** е • **3.** к • **4.** а • **5.** река

Activité 4

- **1.** e • **2.** h • **3.** g • **4.** i • **5.** b • **6.** d
- **7.** j • **8.** a • **9.** f • **10.** c

Activité 5

- **1.** к • **2.** р • **3.** е • **4.** с • **5.** т
- **6.** крест

Activité 6

- нота
- оркестр
- рок
- тенор
- тон

Chapitre 3 (p. 22-30)

Activité 1

- **1. c.** • **2. d.** • **3. a.** • **4. b.**

Activité 2

- **1. a.** vodka
- **2. c.** banque
- **3. b.** Hong Kong
- **4. c.** tramway

Activité 3

- **1.** с • **2.** и • **3.** в • **4.** д • **5.** а
- **6.** г • **7.** л • **8.** р • **9.** з • **10.** в

Activité 4

- баскетбол
- волейбол
- футбол

Activité 5

- **1.** Aïe ! J'ai mal à l'oreille !
- **2.** Aïe ! J'ai mal aux dents !

Activité 6

- **1. c.** • **2. f.** • **3. e.** • **4. b.** • **5. d.** • **6. a.**

Activité 7

- **1.** Amérique
- **2.** Argentine
- **3.** Afrique
- **4.** Mexique
- **5.** Canada
- **6.** Chypre
- **7.** Cuba
- **8.** Pakistan
- **9.** Ouganda
- **10.** Ukraine

Chapitre 4 (p. 31-41)

Activité 3

- Япония (Japon)

Activité 4

- Катя

Activité 7

• джаз (jazz, les autres activités sont la planche à voile, le tennis de table et les cartes)

Activité 9

• лимонад

Activité 10

• **1.** Валентин
• **2.** Виктор

Activité 11

• **1.** petit-fils
• **2.** Ольга et Зоя
• **3.** Константиновна

Activité 12

• **1.** octobre
• **2.** Paganini et Rachmaninov
• **3.** Nicolas Baïkov

• Traduction de l'affiche :
Théâtre d'opéra et de ballet
CONCERT
30 octobre à 12 heures
Paganini
Concerto N° 1 pour violon et orchestre
Soliste : Alexandre Tchirkov
Rachmaninov Concerto N°2 pour piano et orchestre Soliste : Nicolas Baïkov

Activité 13

• космонавт
(« cosmonaute ») est l'intrus.

Mot russe	Traduction française
банк	banque
кредит	crédit
кредитная карточка	carte de crédit
инвестиция	investissement
финансовый кризис	crise financière
космонавт	cosmonaute
доллары	dollars
экономика	économie
капитал	capital
банкир	banquier

Chapitre 5 (p. 42-52)

Activité 1

• **1. b.** • **2. g.** • **3. e.** • **4. a.**

Activité 2

• **a.** footballeur
• **b.** infirmière
• **c.** joueur de hockey
• **d.** ingénieur
• **e.** ballerine
• **f.** journaliste
• **g.** jockey
• **h.** pianiste

Activité 3

• **1.** supermarché
• **2.** actrice
• **3.** 21 heures

Activité 4

• **1.** он
• **2.** она

Activité 5

• **1.** космонавт
• **2.** хоккеист
• **3.** пианист

Activité 6

• **1. f.** • **2. c.** • **3. h.** • **4. l.** • **5. a.**
• **6. d.** • **7. g.** • **8. k.** • **9. j.** • **10. b.**
• **11. i.** • **12. e.**

Activité 7

• **1.** jeudi
• **2.** vendredi
• **3.** mardi
• **4.** dimanche
• **5.** lundi
• **6.** mercredi
• **7.** samedi

Activité 8

• Бармина
• Converted
• Грязнова
• Кондратов
• Лев
• Носиков
• Селезнев
• Туманова
• Хоботова

• Quatre femmes font partie du groupe : Бармина, Грязнова, Туманова, Хоботова

Activité 9

• Voici l'ordre alphabétique correct : АВТОЦЕНТР, АНТИКВАРИАТ, БИЗНЕС, КОМПЬЮТЕРЫ, ТЕЛЕВИЗОРЫ, ТУРИЗМ

• 1. АВТОЦЕНТР
• 2. АНТИКВАРИАТ
• 3. ТУРИЗМ
• 4. КОМПЬЮТЕРЫ
• 5. БИЗНЕС

Activité 10

• 1. Соня
• 2. Анна
• 3. Максим
• 4. дедушка
• 5. бабушка

Activité 11

• **1.** Région de Leningrad (Saint-Pétersbourg) • **3.** à 19 heures • **2.** 13e rang

Activité 12

• формула-1 n'est pas une matière enseignée à l'école. Le premier mot de la liste alphabétique est география et le dernier est химия.

Chapitre 6 (p. 53-63)

Activité 2

• **4.** май (mai)

Activité 3

• **1.** c • **2.** e • **3.** a • **4.** b • **5.** d

Activité 4

• Rachmaninov seul est compositeur, toutes les autres personnalités sont des écrivains.

Activité 5

• **1. A.** : agence de voyages,
B. : agence immobilière
• **2.** un bureau, un centre de remise en forme, un parking (pour 50 voitures) ; classe A (première classe)
• **3.** Australie (la planche à voile et le surf), Autriche (excursions en car), Afrique (safari dans des parcs nationaux).

Activité 6

		1 Г	И	Д		
		О				
2 П	А	С	П	О	Р	Т
		Т				
	3 В	И	З	А		
		Н				
	4 Б	И	Л	Е	2 Т	
		Ц			Е	
		А			А	
					Т	
	5 Н	О	М	Е	Р	

Activité 7

• **1. b.**
• **2. d.**
• **3. h.** (littéralement, « point médical »)
• **4. g.** (littéralement, « milice »)
• **6. a.**
• **7. e.**
• **5. f.**
• **8. c.**

Activité 8

• **1.** Norvège
• **2.** Italie
• **3.** Canada
• **4.** Angleterre
• **5.** Finlande
• **6.** Hollande
• **7.** Ukraine
• **8.** Autriche
• **9.** France
• **10.** Australie

Activité 9

• **1.** 2091 • **2.** 2549 • **3.** 2027
• **4.** 2e • **5.** 2e • **6.** 1er

Activité 10

- Roman policier, autobiographie, humour, biographie, roman historique.
- Автобиография, биография, детектив, исторический роман, юмор.

Chapitre 7 (p. 64-74)

Activité 2

- **5.** шахматы (échecs)

Activité 3

- **1.** Ekaterinbourg
- **2.** Vladivostok

Activité 4

- **1.** р
- **2.** о
- **3.** з
- **4.** а

L'ensemble de ces lettres constitue le mot роза (« rose »).

Activité 5

- Médecine grand public, histoire russe, littérature russe, musique russe, presse à scandales.

Activité 6

- **1. d.** • **2. f.** • **3. a.** • **4. e.** • **5. c.** • **6. b.**

Activité 7

- **1.** Les mois d'automne et d'hiver sont corrects.
- **2.** Les mois de printemps et d'été ne sont pas corrects. Voici la solution :

• ВЕСНА	ЛЕТО
• март	июль
• апрель	август

Activité 8

- **1.** юге
- **2.** западе
- **3.** севере
- **4.** востоке
- **5.** юге

Activité 9

- **1.** sud-ouest
- **2.** nord-ouest
- **3.** sud-est
- **4.** nord-est

Activité 10

- **1.** идёт снег
- **2.** юго-востоке
- **3.** холодно
- **4.** жарко

Activité 11

- **1.** 22 septembre
- **2.** 15 septembre
- **3.** 26 août
- **4.** 5 septembre

Chapitre 8 (p. 75-85)

Activité 1

- Владивосток
- Екатеринбург
- Иркутск
- Москва
- Новосибирск
- Омск
- Пермь
- Санкт-Петербург
- Тверь
- Якутск

Activité 2

- **1.** banque
- **3.** bibliothèque
- **5.** hôtel
- **6.** discothèque
- **7.** patinoire
- **8.** кинотеатр signifie un bâtiment avec des salles de cinéma, alors que le mot **кино** désigne à la fois le bâtiment et l'art cinématographique
- **13.** bureau de poste
- **14.** restaurant
- **16.** stade

- **17.** théâtre
- **18.** rue
- **20.** cirque

Activité 3

- **1.** opéra et ballet
- **2.** Perm (Пермь)

Activité 4

- **1.** A2902
- **2.** La galerie Tretiakov
- **3.** Le Kremlin
- **4.** L'opéra « Eugène Onéguine »

Activité 5

- La traduction est indiquée uniquement pour les mots que vous n'avez pas déjà rencontrés.

- **1.** магазин деликатесов (épicerie de luxe), парфюмерия (parfumerie), супермаркет
- **2.** больница, медпункт (premiers soins, littéralement : « point médical »), поликлиника (polyclinique)
- **3.** кинотеатр, клуб, театр

Activité 6

- соборы, музеи, галереи и дворцы (cathédrales, musées, galeries et palais).

Activité 7

- **1.** bus
- **2.** ticket
- **3.** jeton
- **4.** métro
- **5.** station
- **6.** plan du métro
- **7.** taxi
- **8.** tramway
- **9.** transport
- **10.** trolleybus

Activité 8

- **1.** Saint-Pétersbourg • **2.** 10 roubles

Activité 9

- **1.** ИЗМАЙЛОВСКИЙ ПАРК (4)
- **2.** ПУШКИНСКАЯ (7)
- **3.** ЮГО-ЗАПАДНАЯ (10)
- **4.** АЭРОПОРТ (1)
- **5.** ТРЕТЬЯКОВСКАЯ (8)

Activité 10

- ЛАДА

Activité 11

- **1.** 500 roubles
- **2.** Arrivée (parce que le train arrive à Perm presque 24 heures après son départ de Moscou)
- **3.** train

Activité 12

		1 В	Е	Р	Т	О	Л	Ё	2 Т
		А							Е
2 М	А	Г	А	З	И	Н			А
		О							Т
3 Б	А	Н	3 К		4 С	О	4 Б	О	Р
			А				И		
	5 Ж	Е	Т	О	Н		Л		
			О				Е		
6 Ц	И	Р	К		7 М	Е	Т	Р	О

Chapitre 9 (p. 86-95)

Activité 1

- **1.** administrateur (réceptionniste)
- **2.** formulaire
- **3.** visa
- **5.** hôtel
- **8.** chambre d'hôtel
- **9.** passeport
- **10.** étage

Activité 2

- **1.** Il se trouve au centre de la ville (В центре города).
- **2.** Le nom de la station de métro la plus proche : «Площадь Александра Невского».

Activité 3

- **1.** Moscou
- **2.** Durand
- **3.** non
- **4.** 100 euros
- **5.** 345
- **6.** 20 août 2006

Activité 4

- **1.** Irkoutsk
- **2.** Pouchkine
- **3.** 15

Activité 5

Le serveur a apporté...

- à Victor : une salade et du vin à la place d'une omelette et de l'eau minérale,
- à Tania : de l'eau minérale et une omelette à la place d'une salade et du vin,
- à vous : une omelette à la place d'une salade.

Activité 6

- **1.** le dîner
- **2.** un buffet
- **3.** le Kremlin et la place Rouge
- **4.** au théâtre Bolchoï

Activité 7

- **1.** administration (réception)
- **2.** les restaurants, les bars ; les snacks et les cafétérias
- **3.** 19 novembre 2006

Activité 8

- **1.** Il fait froid et il neige
- **2.** excellent
- **3.** bortsch

Chapitre 10 (p. 96-107)

Activité 1

- **4.** basket-ball

Activité 2

- **1.** hockey
- **2.** mercredi et samedi
- **3.** football

Activité 3

- **1.** З
- **2.** Г
- **3.** Б
- **4.** Е
- **5.** А
- **6.** Ж
- **7.** И
- **8.** В
- **9.** К
- **10.** Д

Activité 4

- **1.** Tennis : ТЕННИСНЫЙ КОРТ
- **2.** Patinage artistique : КАТОК
- **3.** Football : СТАДИОН
- **4.** Natation : БАССЕЙН
- **5.** Volley-ball : ВОЛЕЙБОЛЬНАЯ ПЛОЩАДКА

Activité 5

- **1.** А, Д, Е, И
- **2.** Г, Ж, К
- **3.** Б, В, З

Activité 6

- **1.** Б
- **2.** А
- **3.** université
- **4.** samedi

- А

Jeudi 10 décembre
Conférence : « L'ordinateur : ami ou ennemi ? » (Université, 17 h 30)

- Б

Samedi 19 décembre
Exposition : « Les meilleures séries télévisées de notre siècle » (Bibliothèque, 9 h 00 - 18 h 00)

Activité 7

- **1.** tennis et golf
- **2.** regarder les films à la télé
- **3.** Yalta

Activité 8

- **1.** Saint-Pétersbourg
- **2.** Rimski-Korsakov

Activité 9

- Компози**и**тор (compositeur), педаг**о**г (pédagogue), симф**о**нии (symphonies), с**ю**иты (suites).

Activité 10

- **1.** Б • **2.** А • **3.** В • **4.** В • **5.** Б • **6.** А

Activité 11

- **1.** hôtels, restaurants et casino
- **2.** passeport ou pièce d'identité

Activité 12

- Бодибилд**и**нг (bodybuilding), car c'est une activité sportive. Les autres mots signifient :

- **1.** avion
- **2.** bus
- **3.** moto
- **4.** vélo
- **5.** hélicoptère
- **6.** tramway
- **8.** métro
- **9.** train
- **10.** trolleybus

Activité 13

- **1.** 4e étage
- **2.** 3e étage
- **3.** 1er étage
- **4.** 6e étage
- **5.** 2e étage

Activité 14

- **1.** Клиент В
- **2.** des dollars canadiens
- **3.** 700 roubles
- **4.** des francs suisses

■	■	[1]К	[1]Р	Е	[2]М	Л	Ь	■	■	■
■	■	■	О	■	А	■	■	[3]О	■	■
[2]Э	Т	А	Ж	■	Р	■	[3]О	Ф	И	[4]С
■	■	■	Д	■	Т	■	■	И	■	У
[4]М	У	З	Е	Й	■	■	■	Ц	■	П
■	■	■	С	■	■	■	■	И	■	■
[5]П	[5]А	К	Т	■	■	[6]Б	Р	А	Т	■
■	В	■	В	■	■	■	■	Н	■	■
■	Т	■	[7]О	Р	К	Е	С	Т	[6]Р	■
■	О	■	■	■	■	■	■	■	И	■
■	[1]Р	О	С	С	И	Я	■	■	С	■

Test (p. 108)

I.

- **1.** гит**а**ра
- **2.** **а**дрес
- **3.** **а**вгуст
- **4.** г**о**род
- **5.** омл**е**т
- **6.** **о**фис
- **7.** парк
- **8.** п**о**чта
- **9.** снег
- **10.** блин

II.

- **1.** b. • **2.** c. • **3.** a. • **4.** c. • **5.** a.

Lexique russe-français

Ce lexique vous donne les significations des termes en contexte.
Nous vous indiquons la première occurrence de chaque terme.

Л

М

Н

О

П

Р

С

Т

Lexique français-russe

Ce lexique vous donne les significations des termes en contexte.
Nous vous indiquons la première occurrence de chaque terme.

A

B

C

D

F

G

H

I

J

Q

R

S

T

Библиография – Bibliographie

De nombreux ouvrages vous permettront de poursuivre votre apprentissage du russe. Nous vous proposons ci-dessous une liste non exhaustive de livres et de sites Internet.

Livres

1. Dictionnaires

- Gak (V), Triomphe (J), *Dictionnaire français-russe : à l'usage des francophones,* Éditions Librairie du Globe, 2001.
- Gak (V), *Dictionnaire illustré français-russe,* éditions Librairie du Globe, 2001.
- Gak (V), Ganchina (K) : *Nouveau dictionnaire français-russe,* éditions Librairie du Globe, 2003.
- Pauliat (P), *Dictionnaire Larousse Apollo français-russe/russe-français,* Éditions Larousse, 2002.
- Pauliat (P), Dictionnaire *Larousse Mars français-russe/russe-français,* Éditions Larousse, 2002.

2. Manuels

- Boulanger (A.), *Grammaire pratique du russe,* éditions Ophrys, 2002. Ouvrage clair et pédagogique destiné aux débutants.
- Boulanger (A.), *Exercices avec corrigés de la grammaire pratique du russe,* 3e édition, éditions Ophrys, 2000 . Un très bon ouvrage avec des exercices classés par thème qui permet aux apprenants débutants de consolider leurs connaissances de russe.
- Prozorovskaia (T.), Ramin (I.), Cornuau (N.), *Le russe utile en voyage,* éditions Harrap's, 2003. Ce livre propose de nombreuses phrases et expressions avec leur prononciation et des informations utiles pour se faire comprendre dans chaque situation.

3. Livres dédiés à la culture, l'histoire et la littérature russe :

- Dal (V), Statzynsky (D), *Proverbes du peuple russe,* éditions Alternatives, 2003. Recueil de pensées populaires illustré, présenté sous la forme d'un abécédaire.
- Channon (J), Hudson (R), *Atlas historique de la Russie,* éditions Autrement, 1997. Le but de cet atlas est d'exposer, sur une longue période et en

soixante cartes, de l'histoire de vastes territoires, la vie de leurs habitants appartenant à des civilisations et des familles de langue différentes.

- Etkind (E), Nivat (G), *Histoire de la littérature russe : Le XIXe siècle, 2e partie, Le temps du roman,* éditions Fayard, 2005. Excellent ouvrage encyclopédique sur « l'âge d'or » de la littérature russe destiné aux admirateurs de Tolstoï et de Dostoïevski.
- Hofmann (M), *Musiques de la Russie et de ses voisins,* éditions Buchet-Chastel, 2003. Ce livre constitue un parcours musical à travers des républiques jadis membres de l'URSS s'étendant de la Baltique à la mer Noire.
- Orloff (A), Chvidkovski (D) : *Saint-Pétersbourg. L'architecture des tsars,* éditions Place des Victoires, 2001. Très beau livre d'art sur l'architecture de Saint-Pétersbourg.
- Sokoloff, (G), *Métamorphose de la Russie, 1984-2003,* éditions Fayard, 2003. Ouvrage de qualité qui retrace l'histoire récente de la Russie.
- Thibaudat (J-P), *Le goût de Moscou,* éditions Mercure de France, 2004. Récits de voyage : textes de Boulgakov, A. Dumas, Tchekhov, Pouchkine, etc.
- Waegemans (E), *Histoire de la littérature russe de 1700 à nos jours,* éditions PU Murail, 2003. Cet ouvrage propose un panorama très complet de la littérature russe depuis le règne de Pierre le Grand, en 1700, à nos jours.

Sites Internet

- www.russie.net : ce site très important de connaissance de la Russie comporte également des pages consacrées aux voyages en Russie.
- http://fr.wikipedia.org/wiki/Russie : une petite encyclopédie sur la Russie
- www.rian.ru : le site de l'agence de presse Novosti (l'équivalent russe de l'AFP) avec une présentation en 10 langues.
- www.france.mid.ru : le site officiel de l'mbassade de Russie en France.
- http://www.ambafrance.ru/fr : le site officiel de l'mbassade de France en Russie.
- http://russe.ac-bordeaux.fr : un site très complet sur la langue et la culture russe avec des nombreux liens utiles.
- http://www.etudes-slaves.paris4.sorbonne.fr : le site du Centre d'Etudes Slaves de Paris 4 (Sorbonne).

Organismes russes

Centre culturel de Russie : cet organisme propose des cours de langue et civilisation russes et des voyages linguistiques. Le centre organise également des concerts, des projections de films et des soirées.

61, rue Boissière

75016 Paris

http://www.russiefrance.org

Achevé d'imprimer en Janvier 2006
par G. Canale & C. S.p.A. (Italie) - N° de projet : 11002219